江戸鷹場制度の研究

山﨑久登 著

吉川弘文館

目次

第三部　行政制度としての鷹場……一五三

図表目次

序章　研究史の整理と本書のねらい

本書は、近世中・後期に江戸およびその周辺地域に設定された鷹場制度の実態と、当該地域において果たした役割を分析するものである。

はじめに鷹場の概念規定をしておきたい。鷹場には二つの概念がある。一つは、「領主が鷹を放って狩猟をする特定の場所[1]」という狭義の意味である。もう一つは、狭義の意味に加えて「鷹場としての制約を受け、負担を負っている村々・地域」および「鷹場役人の管轄下にある村々・地域[2]」をも含む領域という意味である。

後者は、実際鷹狩が行われない場所であっても、領民が領主から鷹場としての規制を受けたり、負担を負ったりしている地域があったことを理由に、狭義の鷹場だけでなく、そうした地域をも含めて、「鷹場」という領域を捉えようとするものである。近世における鷹場研究では、この定義で研究が行われてきており、本書においても同じ概念を用いることとする。そして、鷹場を通した負担・規制のシステムや、後述する鷹を通じた儀礼を含めて「鷹場制度」と総称する。

一　鷹狩・鷹場の研究史

1　鷹狩・鷹場の概略

それでは、まず鷹狩・鷹場についての研究史を紐解いてゆきたい。鷹狩や鷹場についての研究はすでに戦前より見られた。その一つの成果が、宮内省式部職編『放鷹』である(3)。当該書において、鷹狩の方法、日本と朝鮮における鷹狩の歴史、鷹狩と文学の関係などについて詳細な研究が行われている。現在においても十分に通じる水準を保っており、鷹狩研究の出発点と位置づけられる著作である。近年では、本間清利氏が近世を中心として、鷹狩・鷹場の変遷を通史的にまとめ(4)、根崎光男氏は、徳川将軍と鷹狩の関係を検討している(5)。また、塚本学氏は、鷹狩・鷹場と生類憐れみの令との関係について明らかにしている(6)。この四つの著作をもとに、鷹狩・鷹場の歴史の概略をまとめてみたい。

鷹狩とは、訓練した鷹を用いて、野鳥などの獲物を捕獲する方法をいう。鷹は主に、蒼鷹（おおたか）・鷂（はいたか）・隼・熊鷹を用いる。一方で獲物は鶴・鷺・鸛（ばん）・雁・雉・鶉・鴨・雲雀・野ウサギなどである。鷹狩の起源は中央アジアであるとされ、騎馬民族によって世界各地へ伝播していった。ヨーロッパ・中国など西洋・東洋で幅広く行われている。

日本への伝来は、諸説があるが、『日本書紀』によれば、仁徳天皇四十三年（三五五）に、献上された鷹を使って渡来人が鷹狩を行い、以後「鷹甘部（たかかいべ）」が置かれるようになった、とある。以後、鷹狩は日本へ浸透していった。しかし、それを行える者は天皇や一部の貴族に限られ、一般民衆は行うことができなかった。そのため、鷹狩を行うという行為が権威を持つようになっていき、その後の「鷹狩＝権威の象徴」という性質を規定してゆくことになる。歴代の天皇では桓武天皇などが大変鷹狩を好んだといわれ、また、中世になると武士の間でも鷹狩が好んで行われるようになっていった。

次に、徳川幕府開幕後の概略をまとめる。初代の家康は、好んで鷹狩を行い、関東地方で、数日にわたる鷹狩も盛んに行われていた。一方で家康は、慶長八年（一六〇三）に征夷大将軍に任命されて幕府を開くとともに、諸国の有力大名に対して鷹狩禁止令を出し、この鷹狩を全国統一者である自らのもとに統制することも行っている。翌年には公家に対しても禁止令を出した。一方で、一部の大名（譜代大名など）や重臣に鷹場を貸し与えた。これによって、鷹場が、全国統一者である家康のもとに掌握されたことになる。

三代将軍家光の代になると、鷹場制度の基礎が確立する。鷹場における厳守事項の法制化や、鷹場についての職制の整備が行われ、鷹の訓練士である鷹匠や、鷹場の管理者である鳥見という役職もこのとき設けられた。しかし、五代将軍綱吉の代になると、鷹場制度はおおよそ廃止される。それは、生類憐れみの令によるものであり、幕府が飼っていた鷹も伊豆諸島などで放たれることになった。

かくして鷹場制度は二〇年以上にわたって廃止された状況が続くが、これを復活させたのが八代将軍吉宗であった。享保元年（一七一六）、吉宗は、家光時代の鷹場を復活させ、併せて、鷹場役人の制度や、鷹狩に関わる負担を徴収する制度などを整えて、いわゆる鷹場制度というものを完成させた。以後鷹場は、幕府が崩壊する慶応三年（一八六七）まで継続してゆくことになる。

さて、近世における鷹場制度の研究においては、おおよそ三つの論点がある。それは、①鷹場を通じた地域編成論、②鷹による儀礼論、③その他の鷹場論の三点である。このうち、①については、第二節で江戸周辺地域史の研究史と絡めて論じることとし、まず、②鷹による儀礼論と、③その他の鷹場論についてみてゆきたい。

2 鷹による儀礼論

鷹による儀礼論の研究は、今現在も大友一雄氏の論考が到達点と言ってよい。[7]そこでは、将軍を中核とする「御鷹之鳥」の下賜について検討し、その行為が諸大名の家格的な編成と密接に関係し、統治のための装置となっていたことを明らかにしている。[8]また、近世の鷹が将軍を頂点とするきわめて巨大な贈答サークルを形成し、そのサークルが幕藩体制下の礼的な秩序を維持する重要な場となっていたことについても検討している。[9]そして鷹をめぐる諸儀礼を支えた江戸の岡鳥問屋・水鳥問屋について、[10]および御鷹の餌鳥請負人のもとに編成された餌差の存在形態についても明らかにしている。[11]

この大友氏の一連の研究によって、鷹というものが将軍―大名間の儀礼関係を支える重要なアイテムであることが判明し、鷹儀礼は国家的な儀礼の一つとして位置づけられることになったのである。以後、大友氏の研究を軸として、周辺的事実が明らかにされてきている。

岡崎寛徳氏は、献上鷹や下賜鷹の条件や、近世前~中期の大名による鷹献上や鷹贈答の実態について分析を加えている。[12]また、斉藤司氏は、近世前期における公儀鷹場（幕府が放鷹権を有していた鷹場）のうち、拝領鷹場（幕府が諸大名へ与えた鷹場）のあり方について検討している。[13]その結果、拝領鷹場は、「将軍と各大名の主従制的な関係を、鷹狩という一つの儀礼行為を媒介として確認する空間」[14]であったとする。こうした拝領鷹場は関東地域の平野部全域に展開しており、近世前期の関東における鷹場編成の意義は御三家・有力大名を含めた礼的秩序を確認する場であったこととする。

根崎光男氏は、鷹場の下賜をめぐる将軍と大名の関係を通して礼的秩序の実態などについて分析を加えている。[15]根崎氏は、近世全期を通じて御恩の一環として幕府・将軍から大名へ、また大名から家臣へ下賜した鷹場を「恩賜鷹場」と概念規定し、その上で、恩賜鷹場は幕府・将軍の御恩の一環を形成し、主従関係の維持・強化に機能したとする。この恩賜鷹場から幕府は鷹狩の獲物を献上させ、大名には公儀鷹場支配の一端を担わせていたとし、恩賜鷹場における鷹狩権は、使用できる鷹や獲物の種類などについて制限を受けるものであったことなどを明らかにしている。

さらに根崎氏は、①鷹野見舞としての鷹野料の献上儀礼の存在、②将軍の鷹狩への供奉の実態（規制・作法など）、③鷹狩の獲物である「御鷹之鳥」が将軍の鷹狩時および鷹匠の鷹遣によって確保され、朝廷や大名に進献・下賜されていたことを分析している[16]。

総じていえば、鷹場を通じた儀礼論においては、①将軍―大名間の鷹献上・下賜のシステムは幕藩制国家を成立させる儀礼の一つとなっていたこと、②また将軍から大名らへの鷹場下賜・拝領も主従関係強化の意味を持ったこと、③大名間に鷹を通じた贈答関係があったこと、を解明していると言える。鷹場制度は、幕藩制国家を成り立たせる重要な一要素であったのである。

3　その他の鷹場論

このほか、鷹場研究においては、関東以外の地にあった幕府鷹場や、藩鷹場についてのものがある。

その中で、重要なのは、五畿内にあった幕府鷹場の存在を検討した斉藤司氏の研究である[17]。そこでは、五畿内とその近国における鷹場について研究が行われ、同地における公儀鷹場は、幕府鷹場と、近江国・山城国の井伊家拝領鷹場[18]、伊勢国の紀伊家拝領鷹場[19]から成り立っていたとされる。また、その範囲は豊臣政権の鷹場の範囲を大枠で継承し、慶長八年の徳川家康の将軍宣下を契機として設定されたと推定している。ただし、この鷹場は元禄六年（一六九三）に、関東地域の公儀鷹場と同様に廃止され、享保期に再興されることはなかったとする。

このように、幕府の鷹場は近世前期まで全国に展開していたことが明らかになったのであった。また、諸藩の鷹場については、福田千鶴氏によって、福岡藩の鷹場制度について明らかにされており[20]、このほかに鷹場研究の成果としては、鷹場と地域環境との相互規定性を分析した根崎光男氏の研究[21]や、鷹場制度の終焉について分析した研究[22]がある。

二　江戸周辺地域と鷹場の研究史

1　江戸地廻り経済圏

それでは次に、鷹場を通じた地域編成論について述べる。地域編成論とは、端的に言えば江戸から半径五里四方の地を江戸幕府は鷹場に編成し、それによって地域の一体化・均質化が進められたとする論である。そこで問われているのは江戸周辺地域の地域性であり、江戸周辺農村の位置づけが論点となってくる。そこで、ここではまず江戸周辺地域―江戸周辺農村の研究史についてまとめてみたい[23]。

江戸とその周辺農村の研究は、その経済的な関係への着目から出発し、当初は都市近郊農村としての特質性が主たる論点となっていた。速見融氏は、江戸市外の一村落が、江戸の一翼となるまでに都市化していく事例を検討した上で、都市近郊農村の農業経営がどのような特殊性を有していたかを、商品作物生産や都市下肥の利用などから検証している[24]。

その後、江戸周辺農村の研究は、国内市場の形成を支える地域市場として江戸地廻り経済圏についての検討へと展開していく。津田秀夫氏によれば、寛政改革において幕府は、封建的危機に対応するために江戸市場の強化を企図し、それを支える経済的基盤としての江戸地廻り経済圏を育成していったとする。[25] また、伊藤好一氏は、この江戸地廻り経済圏の形成過程について分析を行い、関東農村が江戸市場圏に編みこまれ、やがて江戸の問屋による農村の経済的支配が進んだことは首都市場圏成立の前提になったと述べている。[26]

さらに伊藤氏は、江戸と周辺農村の結びつきについても分析を行い、「江戸周辺農村」は、江戸地廻り経済圏よりも遥かに狭い地域として、およそ「直接生産者が自ら江戸へ生産物を運び、江戸から直接商品を取入れていると考えられる村々の範囲でだいたい江戸一〇里四方の地」がこれに相当するとしている。[27] このような江戸周辺農村の定義は、以後も江戸周辺農村の研究において受け継がれていくこととなった。なお伊藤氏はこの論文において、江戸が「将軍家の城下町」であること、「中継商業都市」であること、また巨大消費都市であることで、「江戸周辺農村」としての性格を規定されていったとし、江戸との関係性を分析している。

2　地域編成論の登場と展開

以上のように、江戸との経済的な結びつきから江戸周辺農村を捉える研究が蓄積されてきたが、一九八〇年代からは江戸周辺農村について、幕府による政治的編成に着目して分析を行う視点が導入されてきた。そして、それは主に鷹場を通じた支配のあり方に研究が集中した。

江戸近郊に設定された鷹場に、政治的・軍事的意味を見いだそうとする視点は、すでに一九六〇年代に北島正元氏によって見いだされている。[28] 北島氏は、徳川幕府の権力基盤を探る研究の中で、関東の幕領は徳川氏の関東入部のときから江戸の城付に集中され、その体制は幕末まで維持されたとする。そして、江戸近郊の鷹場の設置も、将軍の放鷹に便利な地域を選ぶという理由よりも、政治的・軍事的配慮に基づく禁猟区の設定を意味したとし、鷹場職制や、鷹場の設定について近世前期~中期の状況について明らかにしている。

そして、鷹場が所領支配の枠を越えて一円的に設定されたことや、鷹場役人による統制の状況から、「江戸近郊の鷹場は、江戸の外郭の要害である江戸廻りをかため、複雑な領地の分散・入組による領主支配の弱さを補強する役割を果たした(29)」としている。

こうした視点をさらに理論化し、江戸近郊の鷹場を地域編成の一方策として位置づけたのが大石学氏を始めとする地域編成論の論考であった(30)。この論は、本書で検討すべき重要な論であるので、以下それらをまとめて、a地域編成論の概略、b地域編成の目的と効果、c地域編成論の展開、と三つに分けて記したい。a・bについては、いちいち出典を記さないが、基本的には註(30)の文献や論文に基づくものである。

a地域編成論の概略

享保元年(一七一六)、徳川吉宗は八代将軍に就任すると、享保改革の一環として、綱吉以来廃止されていた鷹場制度を復活させた。江戸から半径五里の地域が御拳場《おこぶしば》(将軍による鷹狩が行われる場所で、将軍家鷹場とも称する)に指定され、六つの「筋」(葛西・岩淵・戸田・中野・目黒・六郷)に区分された。各筋ごとに「鳥見」という幕府役人が置かれ、鷹場の支配・管理にあたらせた。また御拳場の周辺、江戸から五里~一〇里にあたる地域には御三家の鷹場、および鷹の訓練場がある捉飼場が設定された。

鷹狩にかかる諸負担などは、鷹場に指定された地域の村々から徴収される。村々は負担を納めるための鷹場組合村を組織させられ、その枠組みは基本的に、「領」の枠組みとされた。「領」とは、中世の後北条氏の支城支配の枠組みであるが、近世前期には、それが江戸幕府に受け継がれ、代官支配や諸夫役負担の枠組みとなっていた。この「領」

を統括する中間支配機構として「触次」が設定される。当初は、中世の土豪の系譜を引く者が多くいたが、徐々にその恣意的支配が否定され、村々の代表者としての性格を強めていった。

この領を基準とした鷹場組合村は、伊奈役所によって支配され、寛政期の伊奈没落の後は、鷹野役所によって統括された。また、基本的に「筋」は、複数の「領」で構成される形になっていた。そしてこの「領」—「触次」制のもと、①御触廻状の伝達単位、②鷹場人足の負担単位、③鷹場役人の宿泊費用の負担単位、④鷹野役所への諸届・取次の単位、⑤江戸城内で栽培する野菜類の種物、草木類、慰みものとしての虫類など江戸城への諸上納物の負担単位として機能するようになったのである。

b地域編成の目的と効果

地域編成の目的は、武威を示すこととともに、江戸周辺の地域秩序を再編することにあった。それはつまり幕府領のほか、旗本領や寺社領、大名領など支配が複雑に錯綜する江戸周辺地域を、幕府が鷹場を通じて直接的に支配することにあった。

そして江戸周辺地域は、将軍の支配地・領域という意味の「御場」「御場所」として整備され、「御鷹場者一統之事」という表現にみられるように、個別領主支配の違いをこえて一体性を強化すると同時に、江戸城・将軍家との結びつきを強めていったのである。

c地域編成論の展開

一九九〇年代に入ると、この地域編成論をめぐっては、その対象となる空間と時期が拡大されていった。そして、その研究は、もっぱら大石学氏によって進められていくこととなった。

まず、空間概念については、吉宗の鷹場制度の復活とは、近世国家の首都江戸を取り巻く首都圏を鷹場の論理、制度のもとに一体化・同質化する政策と意義づけることができるとし、首都圏概念の導入を行った[31]。

次に時期については、「領—触次（触元）」体制のもと、江戸周辺地域は鷹場関係夫役や江戸城上納役、あるいは兵糧方関係夫役などの役負担を担う「江戸城城付地」として一体化し、近代における首都圏形成の重要な前提となったとし、地域編成を近代まで結びつけることができるとしている[32]。

その上で、享保改革を通して鷹匠頭や餌差の活動範囲は、関東に限定され、幕府は「鷹匠頭—野廻り」の捉飼場支配を通じて関東一帯を編成したとする[33]。ここに至って、編成の範囲が江戸周辺地域から関東にまで拡大されていった。

このように鷹場を通じた地域編成論は、それが享保期から幕末期まで継続して行われていたとし、その基本単位となる江戸城付地が近代首都圏の前提となっていったとする。その上で、編成が行われたのは、関東全体にわたっていたとしているのである。

3　地域編成論への反論

こうした地域編成論に対して、批判的な研究も一九八〇年代より出されている。

その嚆矢となったのが伊藤好一氏による反論である。伊藤氏は、鷹場の設置による江戸周辺農村の支配の一元化は、実現が困難であると指摘した。つまり、「領」を再編成した鷹場内においても、触次・寄場惣代・代官所といった多元的支配が行われており、また、鷹場村々に対する鷹場掛り役人の支配権は鷹場としての必要条件を維持するに止まって、その他の領主の支配権を否定するものではなかったとする[34]。この伊藤氏の視点を発展させる形で、近年、宮坂新氏は鷹場制度を江戸周辺地域に展開する多様な幕府広域支配の一つとして位置づけ、広域支配相互の関係性などを分析している[35]。

また、一方で、こうした地域編成論の展開に対して、時代的変遷の検討がなされていないことに、疑問を投げかける研究も出された。

太田尚宏氏は、戸田領・岩淵領を含む、江戸北郊地域における鷹野役賦課のあり方について、文政年間に起こった戸田領・岩淵領の「御鷹野御用人足一件」を基に検討を行い、「江戸城城付地」としての江戸周辺地域の機能・性格が、幕政の動向や地域秩序のあり方とどのように関連し、変化または維持されていくのかといった部分について、いまだ十分に検討されているとはいえない状況にあると指摘する[36]。

その上で、享保前期においては、従来停廃されていた鷹場制度を再編する過程で、幕府内の職務管轄をめぐる試行錯誤が如実に地域に反映されたとする。ことに伊奈役所が、役賦課という目的を達するために地域の実情を一定度許容して編成を行っていった結果、従来の「領」の枠組みを利用した御鷹野御用組合の形成へと落着していった、と述べている[37]。つまり、享保—寛政期の鷹場支配と地域との関連を考えるには、御鷹野御用組合を管轄する伊奈役所がそれぞれの地域に対してどのような関わり方をしたか、およびこれらが幕府の政策基調といかなる関係にあるか等々の分析が不可欠と指摘している。

また、桑原功一氏は享保〜寛政期の御鷹野御用諸役の賦課系統について検討している。それによれば、御鷹野御用人足役の賦課にあたっては、伊奈役所系統と鳥見系統が競合しながらも併存する形が寛政期までは行われていたという。しかし「内憂外患」という時代状況の下で、この役賦課は鳥見系統へ一元化され、一方で江戸城上納役は鷹野役所—「領」の賦課体制が確立したことを明らかにしている[38]。このように、寛政期をエポックとして地域編成のあり方は変化してきていると主張し、従来の大石説で語られていたような、享保期に再編された鷹場制度によって、近代首都圏形成へと直線的に進んでいくという見方を批判している。

また、根崎光男氏は、これまで、検討が行われてこなかった幕府鷹場の近世前期における存在形態と支配構造を分析している[39]。その結果明らかになったことは、①江戸幕府の関東鷹場は、関東領国時代に成立した大名としての徳川氏の鷹場を継承したものであったこと、②これまで幕府鷹場の成立を示したものと理解されてきた寛永五年の鷹場令は、鷹場の存在を前提として鷹場村々に鷹場法度を触れたものであったことの二点である。そして、この寛永五年鷹場令は、関東鷹場が江戸五里四方の鷹場とその外側の鷹場とに分化する契機であったとする重要な指摘も行っている。これは大石氏の享保期に鷹場制度の画期を置く研究視角にも一石を投じるものであろう。

一方、時期ではなく鷹場に設定された地域の再検討から、地域編成論を批判する研究も現れた。榎本博氏は、鷹の訓練や鳥類の調達のための鷹場である捉飼場について研究を行い、それが関東一円に設定されていたわけではないことや、またこの幕府の鷹場が個別領主権を超越するものではなかったことを明らかにした[40]。

さらに、鷹場を支配の側の視点ではなく、それを地域の自治・自律システムとして位置づけようとする研究も出されている。吉岡孝氏は、地域編成論の研究者は、鷹場を軸に領主支配を超えた中間支配機構を設置するという幕府の政策的意図について実証的研究を行っていない、と主張する。鷹野御用触次は幕府の政策的意図としてはあくまでも鷹場御用を行う機関であった。しかしそれが支配を超えた地域の「行政事務」や「警察」活動をするのは、それが幕府の政策によるものでは全くなく、領主支配を超えた広域的な「自治・自律」システムを作りあげるために行われた、地域社会の自律的活動と理解すべきとしている[41]。

三　研究史の問題点

それでは、以上のすべての研究史を総括して、本書で対象とする問題点を挙げてゆきたい。

第一には、鷹場制度について、文化・文政期以降から天保期にかけての動向が明らかにされていないことである。享保期に徳川吉宗によって鷹場が再設置されて鷹場制度が整えられ、寛政期に伊奈氏の失脚を受けて改編を余儀なくされることは明らかになっているが、以後幕末期までそうした体制が継続したものとされている。文化・文政期の鷹場について政策的な検討もないまま理解されているが、これは妥当なのであろうか。

第二には、鷹野役というものの個別性についての認識がないことである。従来の研究では、鷹野役を、①御用人足役、②鷹場役人の旅宿負担、③江戸城への上納物、と捉え、それを一体的に把握してきた。このうち、江戸城上納物については、これを別個のものとして考えるべきとする指摘があるが、いまだ、不十分な状況となっている。またそうした負担の枠組みも同じように「領」を基準とした鷹場組合村によって行われたと理解されている。こうした視点のために、鷹場による地域一体化論・再編成論という性急な見方が生まれているのではないだろうか。役の個別性に着目する中から、従来とは異なった、鷹場の機能・役割といったものが見えてくると考えられる。

第三には、広域支配を目的とした行政制度としての視点の欠如である。たとえば、鷹場が支配領主の差異を超えて、地域を一統的に支配するシステムであったとしても、実際に幕領以外の地域（藩領など）においてどのような支配がなされていたか、詳細な検討は行われていないのである。また鷹場の中には江戸の町方も含まれているのであるが、こうした町と村の差異によって行政の仕組みとして鷹場制度がどのように作用したかの検討は行われていない。

四　本書の方法と構成

本書においては、以上掲げた課題の解明を行っていきたい。大きく全体を三部に分け、先に掲げた問題を検討する。まず第一部では、文化・文政期の鷹場制度の実態について明らかにしていきたい。第一章では、化政期に完成をみる御場肝煎制について検討し、果たして同期に鷹場制度が幕府にとってどのような意味を有していたのかを検証するものである。第二章では、文政六年における浅草寺統制について明らかにし、文政期における鷹場取締の実態と、江戸の町を対象とした鷹場規制がどのような特質を持つのか明らかにし、同期において、鷹場が江戸と周辺農村に跨って設定されていたことの意味を問うものである。

第二部では、鷹場が地域において果たした作用を、鷹野役の個別的な分析の中から明らかにしようとするものである。第一章では、主に旅宿負担を中心に鷹野役のあり方を検討し、従来説明されていたような、鷹場によって地域が一体化・均質化したという地域編成論について検証を行う。第二章では、拳場の中に重層的に存在したとされる御三卿鷹場について分析する。具体的には、清水御借場を対象として、鷹野役が差別化の機能をも果たしていたことを実証したい。

最後に第三部では、鷹場制度の行政制度としての特質について検討する。第一章では、彦根藩世田谷領の在地代官大場家と在宅鳥見の関係性について分析をし、彦根藩世田谷領において鷹場による支配はどのように行われていたのかを明らかにする。第二章では、御場肝煎制が江戸周縁地域においてどのような問題を引き起こしていたのかを検証する。それによって、鷹場制度が町と村という行政の違いをどのように乗り越えようとしていたのか、また乗り越えることができなかったのか、事実を明らかにしたい。
なお、史料の引用にあたっては人名・地名などの固有名詞を除き、常用漢字を用いた。また自治体史からの引用にあたっても異体字などを常用漢字に改め、句読点の加除等を行ったことをおことわりしておきたい。

註

（1）大塚史学会編『郷土史辞典』（朝倉書店、一九六九年）四五六頁。

（2）大石学「享保期における鷹場制度の再編・強化とその意義」（『史海』二三・二四合併号、一九七七年。のち改稿して『享保改革の地域政策』〈吉川弘文館、一九九六年〉に収録）。なお、この概念規定について、根崎光男氏は、この二つの条件を切り離すべきではないとして、鷹場を①鷹場に指定されている、②鷹場役人の管轄下にあって、法（鷹場法度）の統制を受けている、③鷹場負担を強制されている、との三つの条件を満たしている村々と規定している（根崎光男「寛政期における鷹場制度の展開過程」〈『法政史論』五、一九七七年〉、同「近世鷹場制度研究序説」〈『袖ヶ浦町史研究』創刊号、一九七八年〉）。現実的には、江戸周辺地域の鷹場では大石氏の挙げる二つの条件がほぼ重なっており、根崎氏の解釈はそれを受けて補足したものと考える。

（3）宮内省式部職編『放鷹』（吉川弘文館、一九三一年、一九八三年複刻）。

（4）本間清利『御鷹場』（埼玉新聞社、一九八一年）。

（5）根崎光男『将軍の鷹狩り』（同成社、一九九九年）。

（6）塚本学『生類をめぐる政治―元禄のフォークロア―』（平凡社、平凡社選書八〇、一九八三年）。

（7）大友一雄『日本近世国家の権威と儀礼』（吉川弘文館、一九九九年）。

（8）大友一雄「鷹をめぐる贈答儀礼の構造――将軍権威の一側面」（『国史学』一四八、一九九二年。のちに前掲註（7）に収録）。

（9）大友一雄「近世の御振舞いの構造と『御鷹之鳥』観念」（『史料館研究紀要』二六、一九九五年。のちに前掲註（7）に収録）。

（10）大友一雄「将軍の鷹狩と江戸の鳥問屋」（『史料館研究紀要』二八、一九九七年。のちに前掲註（7）に収録）。

（11）大友一雄「将軍の鷹狩と身分―御鷹の餌鳥御用と餌差―」（『国史学』一六一、一九九六年。のちに前掲註（7）に収録）。

（12）岡崎寛徳「献上鷹・下賜鷹の特質と将軍権威」（弘前大学国史研究会『弘前大学国史研究』一〇六、一九九九年）、同「幕府生類

憐れみと大名の鷹贈答――津軽家を事例として」（大倉精神文化研究所『大倉山論集』四三、一九九九年）、同「享保期における鷹献上と幕藩関係――津軽家を事例として」（『日本歴史』六二一、二〇〇〇年）、同「鷹をめぐる大名の交際――津軽家を中心に」（『地方史研究』二八五、二〇〇〇年）。のちにすべて、岡崎『近世武家社会の儀礼と交際』（校倉書房、二〇〇六年）に収録。

(13) 斉藤司「近世前期、関東における鷹場編成―拝領鷹場の検討を中心として―」（『関東近世史研究』三二、一九九二年）。

(14) 前掲註(13)斉藤「近世前期、関東における鷹場編成」一三頁。

(15) 根崎光男「鷹場の下賜をめぐる将軍と大名」（根崎『江戸幕府放鷹制度の研究』吉川弘文館、二〇〇八年）。

(16) 根崎光男「将軍の鷹狩をめぐる儀礼と主従関係」（前掲註(15)根崎『江戸幕府放鷹制度の研究』）。

(17) 斉藤司「近世前期における五畿内近国の鷹場編成」（関東近世史研究会編『近世の地域編成と国家―関東と畿内の比較から―』岩田書院、一九九七年）。

(18) 彦根藩の鷹場については、鷹場の機能や実態について検討した、岡崎寛徳氏の論考（「近世中期における彦根藩『御鷹場』の認識」〈前掲註(17)関東近世史研究会編『近世の地域編成と国家』〉）がある。

(19) 紀伊藩の鷹場についての研究は、仲見秀雄「紀州藩の伊勢御鷹場」（『三重史学』一二、一九七九年）がある。

(20) 福田千鶴「近世初期福岡藩における鷹場支配の展開」（『地方史研究』二三一、一九九一年）、同「福岡藩の御猟場支配についての一試論」（『九州史学』一〇五、一九九二年）。のちに両論文とも、改題して福田『江戸時代の武家社会――公儀・鷹場・史料論』（校倉書房、二〇〇五年）に収録。

(21) 根崎光男「近世の鷹場規制と環境保全―浦和周辺の鷹場を素材として―」（『浦和市史研究』一三、一九九八年）、同「江戸周辺地域における鳥類保護の諸相」（竹内誠編『徳川幕府と巨大都市江戸』東京堂出版、二〇〇三年）、同「享保期における放鷹制度の復活と鷹場環境保全体制」（法政大学人間環境学会『人間環境論集』七―一、二〇〇七年。のち改稿して前掲註(15)根崎『江戸幕府放鷹制度の研究』に収録）。

(22) 森田朋子「外国人の遊猟と御鷹場の廃止」（『論集きんせい』一九、一九九七年）、安田寛子「近世鷹場制度の終焉―幕末軍制改革および諸改革の中で―」（『法政大学大学院紀要』三九、一九九七年）、同「近世鷹場制度の終焉過程と維持組織」（『法政史学』五〇、一九九八年）、同「近世鷹場制度終焉期における御鷹部屋管理の動向―御鷹部屋洗掃除と餌鳥請負人を中心に―」（『地方史研究』二九〇、二〇〇一年）、同「鷹場制度終焉と鳥猟鑑札制度―鑑札回収をめぐる評議過程および処分の実態―」（『法政史学』

五七、二〇〇二年）。

（23）江戸周辺地域の一九八〇年代までの研究史については、岩田浩太郎氏による優れた整理がある（岩田「江戸周辺の地域的特質」〈村上直編『日本近世史研究事典』東京堂出版、一九八九年〉）。

（24）速見融「都市近郊村の諸問題—武蔵国豊嶋郡角筈村—」（『三田学会雑誌』四七—三、一九五四年）、同「都市近郊村の農業経営に関する一考察」（『三田学会雑誌』四八—二、一九五五年）。

（25）津田秀夫「寛政改革」（家永三郎ほか編『岩波講座　日本歴史』一二、岩波書店、一九六三年）。

（26）伊藤好一『江戸地廻り経済の展開』（柏書房、一九六六年）。

（27）伊藤好一「江戸と周辺農村」（西山松之助編『江戸町人の研究』三、吉川弘文館、一九七四年）。

（28）北島正元『江戸幕府の権力構造』（岩波書店、一九六四年）。

（29）前掲註（28）五〇四頁。

（30）前掲註（2）大石「享保期における鷹場制度の再編・強化とその意義」、前掲註（2）根崎「寛政期における鷹場制度の展開過程」、大石学「近世江戸周辺農村の機能と性格—武州野方領の分析を中心に—」（『徳川林政史研究所研究紀要』昭和五十八年度、一九八四年。のち改稿して前掲註（2）大石『享保改革の地域政策』に収録）、岩田浩太郎「関東郡代と『領』—江戸周辺の地域編成の特質—」（『関東近世史研究』一六、一九八四年）、熊澤徹「江戸周辺農村における「領」と「触次」制—武蔵国荏原郡六郷領の事例をもとに—」（『論集きんせい』九、一九八四年）、青木直己「江戸廻りにおける鷹野支配と『領』—文政度府中領御鷹野御用一件を通して—」（『立正史学』五八、一九八五年）。

（31）大石学「享保期鷹場制度復活に関する一考察」（竹内誠編『近世都市江戸の構造』三省堂、一九九七年）。

（32）大石学「近世後期—幕末維新期における江戸周辺の地域編成」（前掲註（17）関東近世史研究会編『近世の地域編成と国家』）。

（33）大石学「享保改革の歴史的位置」（藤田覚編『幕藩制改革の展開』山川出版社、二〇〇一年）。

（34）伊藤好一「鷹場と広域支配—その研究史にそって—」（『多摩のあゆみ』五一、一九八八年）。

（35）宮坂新「幕府屋敷改による百姓商売家の把握と規制—将軍家鷹場鳥見との関係に注目して—」（『地方史研究』三五一、二〇一一年）、同「江戸周辺地域における幕府広域行政の展開と受容」（関東近世史研究会第四八回大会報告、二〇一五年）。

（36）太田尚宏「近世後期江戸北郊地域における鷹野役負担—戸田領・岩淵領『御鷹野御用人足一件』とその影響—」（東京都北区教

育委員会『文化財研究紀要』八、一九九五年）。

（37）太田尚宏「御鷹野御用組合の形成・展開と地域」（前掲註（17）関東近世史研究会編『近世の地域編成と国家』。のちに太田『幕府代官伊奈氏と江戸周辺地域』〈岩田書院、二〇一〇年〉に収録）。

（38）桑原功一「寛政期御鷹野御用諸役賦課系統の再編過程―戸田筋を中心に―」（『足立区郷土博物館紀要』二一、一九九九年）。

（39）根崎光男「近世前期における幕府鷹場の存在形態」（法政大学人間環境学会『人間環境論集』三―一、二〇〇三年。のちに加除・訂正を行って「幕府鷹場の存在形態とその支配構造」として、前掲註（15）根崎『江戸幕府放鷹制度の研究』に収録）。

（40）榎本博「捉飼場と餌差・鳥猟の展開―関東の鳥をめぐる広域支配と生活をめぐって―」（『関東近世史研究』七八、二〇一六年）。

（41）吉岡孝「勘定奉行上席柳生久通の施策と関東における村方惣代―鷹場の性格規定と関連して―」（『法政史学』五一、一九九九年）。

第一部　化政期における鷹場制度の変容

第一章　御場肝煎制の確立

はじめに

鷹場制度の研究史の中で、一つの論点として考えられるのは、鷹場制度と伊奈氏の関係をどう捉えるかということである。太田尚宏氏の研究によれば、享保期に鷹場を復活させるにあたり、幕府は、鷹狩に関する役割の一部を伊奈氏の「家」としての経験に依存し、以後、鷹狩に関わる役割の一部は、「掛り御用向」の一つとして伊奈氏の職務となったとする。(1) 具体的には、伊奈氏を通して、御用人足触当や鷹場の維持管理を行っていたのである。(2)

それでは、寛政四年（一七九二）三月、伊奈氏が家中騒動の末に失脚し、「掛り御用向」も御免となった後、鷹場制度はどのように変質していったのであろうか。この点については、根崎光男氏によって分析が行われている。(3)

それによれば、伊奈氏失脚の後、勘定奉行久世広民が関東郡代を兼帯し、鷹野御用は郡代役所附である鷹野役所で取り扱われることとなったという。ただ、寛政四年十二月に、御場拵人足（鷹場を整備する人足）に関する職務が、鳥見の職務となり、人足徴発は、鳥見からの直触によって行われることになった。その担当として、郡代組附の六名が新たに鳥見手附に任命された。さらに葛西・岩淵両筋の村方名主の中から肝煎一〇人が任命され、鳥見手附とともに人足の手配などを担当したとしている。この方針を申し渡したのは、寛政改革を主導した松平定信であり、背景には人足徴発を削減しようとする意図があったとされる。

根崎氏の研究では、伊奈氏失脚後の鷹場制度について、幕府がどのように再編をしていたのか、その枠組みについて明らかにされている。しかし、この一度の再編だけで、果たして鷹場制度は幕末期まで存続することができたのであろうか。とくに、伊奈氏が「掛り御用向」として担っていた鷹野御用は、とくに問題もなく務められていたのか疑問が残る。

そこで、本章では、寛政期以後に成立する肝煎をめぐる制度（御場肝煎制と総称する）について分析を行い、化政期以降の鷹場制度の動向について検討していきたい。なお、ここでいう御場肝煎制とは、寛政期に成立する御場所肝煎[4]、文化期に成立する鷹野人足肝煎[5]という二つの肝煎からなるシステムの総称である。なお、御場所肝煎については、根崎氏も触れられているが、それが寛政期以後どのように変化したか、また鷹野人足肝煎との違いについては明らかになっていない[6]。

そこで本章では第一節で御場所肝煎を、第二節で鷹野人足肝煎について検討する。

なお、本章の前提として寛政～文化期ごろの御拳場について概観しておきたい。御拳場に含まれる村数・石高を示したのが、表1である。御拳場は六つの「筋」という枠組みに分割され、それぞれ鳥見という鷹場役人によって支配されていた。また、表中の御場所数という項目は、実際に将軍が鷹狩をする場所（御成御場所）の数を示している。

これをみると御拳場の東部に位置する葛西筋が村数・石高・御場所数とも最も多く、他の筋を凌駕していることがわかる。それに岩淵筋が続き、この葛西筋と岩淵筋だけで、村数・石高ともに全体の約五

表1　御拳場（寛政～文化期ごろ）

筋	村数	石高	御場所数
葛西筋	223	86, 347	15
岩淵筋	137	43, 373	7
戸田筋	72	36, 500	4
中野筋	81	25, 094	1
目黒筋	100	24, 437	4
品川筋	78	33, 052	1
合計	691	248, 803	32

註　筋・村数・石高は「江戸御場絵図」（国立公文書館所蔵）より，御場所数は『葛飾区古文書史料集』3（中茎家文書1，113～114頁）より作成。

石高の単位は石。斗以下は四捨五入。

二％を占めていることが知られる。

以上のような地域性を踏まえた上で、まず、以下では御場所肝煎について検討を加えていきたい。

一　御場所肝煎

1　御場所肝煎制の成立

「はじめに」で記したように、御場所肝煎が設置されたのは、寛政四年のことである。鷹場制度改編によって、鳥見の業務を補佐する目的で鳥見手附と御場所肝煎が新設された[7]。これは、鷹場の機構変革により御場拵人足の徴発が鳥見の直触によって行われることになったのに伴うものであった。

このときに御場所肝煎となっているのは、葛西筋と岩淵筋の各村名主であり[8]、かつ村の近くに御成御場所が存在している場合が多く、御膳所が村内に設定されているケースもある。なお、鷹場における中間支配機構である触次を兼務しているのは、渕江領新川西組合の触次[9]である竹塚村名主のみである。

では、なぜ、葛西筋と岩淵筋だけに設置され、残りの四筋（目黒・品川・中野・戸田）には設置されなかったのであろうか。これについて、根崎氏は、それぞれの筋の御成御場所としての位置づけやそこで展開してきた人足徴発の地域事情が影響していたと述べている[10]。

それでは、この地域事情とは何を示しているのだろうか。筆者は、それは、筋ごとの御成御場所数の差であると考えている。先に表1で見た通り、御成御場所数は葛西筋・岩淵筋が六筋の中で最も多く、この二つの筋で全体の約六九％を占めていた。そこで、当初は、御場所の多い二筋でまず肝煎が設置されたと考えるのが妥当ではないだろうか[11]。

2　六筋配置体制への展開と人足問題

それでは、寛政期以後に、御場肝煎制はどのように変化していったのであろうか。

表2は、寛政五年以後に御場所肝煎に就任した者の一覧である。これを見ると、文化期以後になると、新たに任命される肝煎が増え、また設置される筋の数も増加していることがわかる。

肝煎の下に置かれた「肝煎勤方」については、文化十四年（一八一七）に、目黒筋で下大崎村八郎兵衛と麻布本村年寄五郎左衛門、品川筋では西大森村名主三右衛門と羽田猟師町名主弥五右衛門が御場所肝煎勤方に就任している(12)。

これは、品川筋の肝煎の初見であり、

表2　御場所肝煎就任者一覧（寛政5年以降）

年　月	西暦	筋	名　前	出　典
寛政5年8月	1793	葛西筋	大谷田村 一内	『寛永録』4，95頁
寛政8年4月	1796	岩淵筋	◎坂本村名主五左衛門事 伝次郎	『鳩ヶ谷市史史料』7，190頁
寛政11年10月	1799	目黒筋	◎上目黒村名主 定右衛門	『世田谷区史料叢書』2,149頁
寛政12年3月	1800	岩淵筋	千住河原町名主 三十郎	『鳩ヶ谷市史史料』3，115頁
文化13年9月	1816	目黒筋	上目黒村名主倅 啓次郎	『世田谷区史料叢書』3,347頁
文政4年5月	1821	岩淵筋	今戸町名主 市郎右衛門	『鳩ヶ谷市史 史料』4，30頁
文政8年5月	1825	品川筋	◎北大森村名主 田中平右衛門	堀江家文書 F418
文政8年5月	1825	戸田筋	◎下板橋村名主 市右衛門	堀江家文書 F418
文政8年5月	1825	中野筋	◎中野村名主 堀江卯右衛門	堀江家文書 F418
文政8年5月	1825	目黒筋	◎下大崎村名主駒場原請負人 八郎兵衛	堀江家文書 F418
天保5年12月	1834	目黒筋	◎麻布本村町年寄 五郎左衛門	『目黒区史 資料編』173頁
天保5年12月	1834	目黒筋	◎下渋谷村名主 半蔵	『目黒区史 資料編』173頁
天保5年12月	1834	目黒筋	◎中目黒村名主 金三郎	『目黒区史 資料編』173頁
天保10年10月	1839	品川筋	北大森村名主見習 田中浦次郎	『大田区史 資料編』北川家文書1，124頁
天保13年	1842	中野筋	馬場下横町名主 小兵衛	『武蔵国豊島郡角筈村名主渡辺家文書』2，159･171頁
嘉永元年2月	1848	目黒筋	中目黒村名主 金吾	『目黒区史 資料編』185頁

註　名前の前に◎のある者は，跡役ではなく，新規に就任した者を示す。

また目黒筋も肝煎人数が増加していることがわかる。

そして、文政八年（一八二五）には、目黒・品川・中野・戸田の四筋において、御場所肝煎が任命された(13)。中野筋（中野村名主堀江卯衛門）・戸田筋（下板橋村名主市右衛門）の肝煎は、このときに初めて設置されたものであり、ここに江戸廻り六筋すべてに御場所肝煎が存在する体制が完成したことになる。

つまり、この肝煎就任状況を見ると、化政期に御場所肝煎の拡充が図られたことが明らかである。それでは、なぜ化政期に拡充が必要となったのか。次に、その要因について考えていきたい。

〔史料1〕

御鷹野御場所拵御用人足之儀諸事御手軽ニ仕立、成丈ケ人足減し村々難儀ニ不相成様ニ格別之御趣意を以被仰出
候ニ付、人足遣方成丈ケ減し相附、一日之遣高見詰積リを以申付、触次之者ゟ触当人足村方ニゟ未進不参致し、
老人・子供指出し揃□□（刻限カ）遅刻之村々有之、其当日御用差支ニ相成候□（間カ）御趣意之趣ハ難有存出精いたし相勤させ可
申処、右体之村々有之間、畢竟村々名主・村役人共無弁等閑之申付方と相聞候、以来ハ未進不参且老人・子供差
出し揃刻限遅刻之村々有之候ハヽ、其村方名主・役人共呼出し可遂吟味候間其旨可得相（ママ）心得候、一人足触次
ゟ触当候日限雨天候ハヽ、差出し申間敷、尤翌日天気候共差出スニ不及、雨天之分は追而触次方ゟ相勤可申候間其
旨可相心得候、尤急御用ニ而差掛リ申付候節ハ雨天ニ共（共ニ）遣候儀有之候間、其節ハ其趣ヲ以可申付候間、其旨相心
得心得違不致様承知可致候、右之趣被仰付触下村々江得と申渡前書之趣相守、以来急度為相勤可申様、右之趣
村々請書印形取之可差出旨被仰付候間、依之来ル十四日朝五ツ時村々御名主中印形三判御自身ニ御持参可被成候、
其節得共（と）御談し可申候、此状御披見無滞早々御順達留リ村ゟ御返し可被成候、以上

粕谷村

卯八月十一日出、十三日廻ル　　　吉郎兵衛印

右村々

名主中[14]

この史料は、寛政七年八月、世田谷領の触次である粕谷村吉郎兵衛より、鷹場組合村々に対して出された廻状である。ここでは、御場拵人足（鷹場を整備するための人足）について、負担の簡素化を図ったところ、人足を村方が差し出さなかったり、また老人や子供を送ってきたり、あるいは集合時刻に遅刻する者も出てきたとする。そこで、これについては、村役人の「等閑」のためであるとし、今後上記のようなことがあった場合、村役人は詮議を受けるとしている。

先にも述べた通り、御場拵人足の徴発は、享保期より伊奈役所が担当していたが、寛政四年からは、鳥見の担当となったものである。新たな制度の下で、人足の簡素化を図ったところ、村側がそれを取り違えて大きな混乱を生じてしまっている。

このような御場拵人足をめぐる混乱は、寛政期に止まらなかった。文化十三年にも、駒場原御場拵人足について、「人足日々不同ニ罷出」であるとし、日割通りに村々が人足を差し出すことが求められている[15]。

こうした問題は、世田谷領だけで起こっていたわけではない。たとえば中野筋の野方領においても同様の人足についての問題が起こっている。文化十三年七月に、御場拵人足の一人が病気となり、無断で村に帰ってしまうという一件が発生した。ここでは、現場の鷹場役人と村役人との連携のまずさが露呈している[16]。

一方で、寛政期以後の葛西筋や岩淵筋の各領においてこのような御場拵人足の勤方をめぐる問題は管見の限り確認しえない。問題が発生している世田谷領は目黒筋、野方領は中野筋に属し、ともに寛政期には御場所肝煎が設定され

ていなかった筋である。

これらのことを総合すると、寛政期の鷹場制度改変後、御場所肝煎人足が置かれていない地域において、御場拵人足の勤方について問題が発生していることが判明する。つまり、文化期以降、御場所肝煎が増員され、文政八年に至って江戸廻り六筋すべてに肝煎が配置されるようになった背景には、人足の勤方不良という問題があったのである。人足の勤方不良をめぐっては、村役人の差配の落度や、彼らと鷹場役人との連携のまずさが問題とされている。こうした点を解決するため、肝煎が必要とされたと考えられるのである。

3　御場所肝煎の職務

それでは、御場所肝煎の職務はどのようなものであったのか。ここでは、具体的に検討していく。

a 御場所の整備・見廻り

第一に、御場所の整備と見廻りが挙げられる。

〔史料2〕

子三月十八日

近々高田筋江　公方様　御成ニ付高田馬場江御場拵出

卯右衛門

小兵衛

伝之丞

同十九日　同断

茂平次
小兵衛
伝之丞

同廿日

茂平次・小兵衛・卯右衛門

同廿一日　同断

卯右衛門
小兵衛

御鳥見方

見廻り有之

伝之丞

明廿二日高田筋江　御成ニ付、左之通相勤可申候

内田三十郎

右ハ御道廻之儀、野村彦兵衛差図ヲ請、相勤メ可申候

平次左衛門

右ハ御先障之儀、内田正太夫差図請、相勤可申候

三郎右衛門

右ハ御跡障之儀、堀田林之助差図請、相勤可申候

小兵衛
三九郎

右ハ植木幷御買上御品等持送之儀、鈴木十蔵・林猪三郎差図を受、相勤可申候

堀江茂平次

卯兵衛

右ハ打毬御番方案内幷御馬御口之者案内等之儀、小林金助・高垣伝五兵衛差図を請、相勤可申候

堀江卯右衛門

伝之丞

常次郎

喜作

大助

長左衛門

紋次郎

右ハ明朝六ツ時高田穴八幡前江相揃、差掛御用向直談之相勤可申候

右之通諸事間違無之様相勤可申候、此紙面承知之旨相記、明朝於揃所相返可申候、以上

三月廿一日

掛り御鳥見

肝煎中(17)

〔史料2〕は、天保十年（一八三九）に中野筋へ徳川家慶が御成をしたときに、同筋の鳥見が御場所肝煎・御場所肝煎勤方に宛てたものである。三月二十二日が御成の当日であるが、その三〜四日前から御場所に肝煎が出て、その整備（御場所拵）に従事していることが知られる。また、御成の当日は、鳥見手附らの指図を受け、御道筋の巡回や、植木など買上品の持ち送り、また御成随行者の案内役などを肝煎が務めていた。このように、御成にあたって、鳥見の下役として御場所の整備や見廻り、また物資の調達などの任務に就いていたことがわかる。

b 人足の徴発

次に、御場拵人足の差配が挙げられる。先に指摘しているように、寛政四年からは鳥見から触次役へと人足徴発の直触を出すことになり、その補助を行っていたのが、御場所肝煎であった。

〔史料3〕

覚

一、人足拾五人　　明後廿四日雨天日送り
　外才領壱人　銘々草苅鎌といし
　　　外ニ木鎌五本つつ
一、同　拾五人　来ル廿五日雨天日送り
　　　持もの右同断
　　　外ニ木鎌五本つつ

右は鼠山原内草苅御用人足ニ付、当日朝正六つ時弁当持参、長崎村名主八郎兵衛方え無相違相詰候様、御触当テ可被成候、此段御達申候、以上

酉八月廿二日　　戸張平次左衛門

徳丸本村
　年番　触次衆中(18)

この史料は、戸田筋の肝煎である戸張平次左衛門から、徳丸本村の触次役にあてられたものである。御場所である鼠山原内の草苅のために、人足には各自草苅鎌を持参させ、当日の朝に長崎村名主の八郎兵衛方へ集合するようにと

している。そして、この内容を鷹場組合に対して触れ当てるよう、申し渡している。このように、人足触の伝達にあたって、鳥見─触次の間に、肝煎が介在していることがわかる。

また、御場所肝煎が村へ直接触を出す場合もあった。天保三年、戸田筋肝煎は徳丸三分名主に対し、長崎村鼠山の御場拵のため人足と道具を供出するよう通達している。(19)

ただし、こうした人足触当は、すべて御場所肝煎が行っていたのではない。人足触当は、基本的には、触次役の職務であった。それでは、どういう場合に肝煎の担当となるのか。その理由が判明する史料を次に掲げたい。

〔史料4〕

乍恐以書付奉願上候

東葛西領桑川村名主与右衛門奉申上候、当領下ノ割触継役之儀村々順番相勤来候処、来申年之儀者私年番ニ付相勤申候、然ル所私村方之儀者上郷与者渡船場并道法相隔候間、御鷹野御場所御直触御用人足之儀御触元奉頂戴、其上私方ゟ村々江触出候而ハ甚タ遅刻ニ相成、御差支之程も難計奉存候ニ付、下鎌田村名主清左衛門義御場所肝煎役相勤日々御場所江罷出居候ニ付、御触元之義清左衛門方江被下置、右之者ゟ即刻村々江触出候得者村々ニ而振当ニ茂勝手ニ相成、旁　御用弁宜鋪奉存候、尤　御成之節御用金并西葛西筋御場所江相勤候御用向之儀ハ都而年番与右衛門方ニ而相勤申候、何卒　御慈悲を以御直触御用人足之分清左衛門方へ御触元被下置候様奉願上候、以上

文化八未年十二月

東葛西領下ノ割
桑川村
来申触次

与右衛門
鹿骨村
当触次
弥　七
下鎌田村
名主
清左衛門

小谷弥之助様
丸谷奥右衛門様
堀田熊次郎様(20)

この史料は、東葛西領下之割の年番触次となった桑川村与右衛門ら二名から鳥見へ出された願書である。ここでは、与右衛門が「御場所御直触御用人足」の触元となったことについて、村の地理的な問題からこれを務め難いとしている。その上で、御場所肝煎を務めている下鎌田村名主清左衛門は日々御場所へ出向いているので、当人に触元役を仰せつけられるようにとしている。もっとも、それ以外の触次の職掌は与右衛門で果たすとした。

ここから、触次村と御場所とが離れているという条件の中で、御場所へ日々出勤する肝煎が触元役として最も相応しいと判定されたことがわかる。このように、御場所肝煎は、鳥見手附を補助して触次に人足触を伝達したり、また臨時的なものではありながら触次の代わりに直接村々へ触を伝達する役目も担っていたのであった。

c御成先買上物の差配

次に、御成先買上物の差配が挙げられる。御成先買上物には、植木類や虫類・金魚・鳥類・麦藁細工・小瀬戸物などがあった。たいてい、将軍「御立寄」となった植木屋で買い上げられ、その差配をするのも、肝煎の職務であった。

〔史料5〕

一、御通抜相成候植木屋共、商売違の品ハ差出不申様兼々申渡候得共、御当朝追々持寄見廻跡え持出置候儀も有之候、以来ハ厳敷差留植木屋共儀ハ、植木ニ付候品瀬戸物類斗差出、金魚替鯉等別段御談無之節ハ、植木屋共え差出不申、勿論庭内泉水有之全ク所持の品入置候儀ハ、其儘ニて其品御用相成候節ハ、前書値段ニて差出、別段船桶等へ入差出候儀、不相成積可申談候事

但、植木屋共の内、是迄品々差出来候者も有之候、右の者ハ以来商売違の品差出不申様可申談事(21)

天保十二年、天保改革にあたって、戸田筋・中野筋の肝煎たちに御成先買上物について鳥見より趣意書が出された。この史料は、それを受けて村々で取り決めたものである。ここでは、将軍が「御通抜」する植木屋で行われる買上物の値段が不相応に高くなっているとして、その引き下げが鳥見から肝煎へ下令されている。

ここから、商品の種類や値段についての監督を肝煎が行っていたことがわかり、御成先で行われる将軍の買上物の差配も肝煎の職務であったことが知られるのである。

d他筋への出張

また、御場所肝煎は、自らの所管する筋以外にも出張している。たとえば、天保十四年の老中府中筋遠乗馬のさいに、目黒筋の肝煎である啓次郎・金吾が、中野筋まで出張し、布田宿の揃所に詰めている(22)。つまり、御場所肝煎は、

自らの担当の「筋」を越えて、御成の円滑な遂行を補助する職務にあたっていることが窺える。

この点は、鷹場制度の中間支配機構である触次役などとは大きく異なる点である。触次役の場合は、所管する領の範囲内で職務（触の廻達・人足徴発など）を務めており、所管外の領に関わる鷹狩には関与していない。それに対して、御場所肝煎は、自らの筋における御場所の環境整備のほか、自筋・他筋を含めて御成の円滑な遂行を補助する役割を担っているのである。この点において、御場所肝煎は、中間支配機構ではなく、鷹場役人の一つであったと言えるだろう。

4　御場所肝煎の身分

最後に、御場所肝煎の身分について検討していきたい。まず、職務上の特権について述べる。御場所肝煎に就任すると、野羽織の着用を許され、同役を一〇年程度務めれば、一身代の苗字帯刀を許可された[23]。これは、鳥見組頭の上申に基づき、御場掛を経て代官所で申し渡されている[24]。

また、御場所肝煎には、扶持米も支給されている。一日一升の扶持米を「年中通」と、務めに入った日数分（一日五合）の米が支払われるとある。文政八年には、「通弐人扶持」となり[25]、また、嘉永元年（一八四八）の岩淵筋の肝煎では、都合三人扶持が与えられている[26]。

扶持米について重要な点は、それが幕府から支給されていることである。触次の給分が鷹場組合村から支給される[27]のとは大きく異なり、肝煎給は幕府から受けている[28]。つまり、ここからも触次役は鷹場管理の末端機構としての役割と鷹場組合村の代表者としての役割を持つ[29]のに対し、御場所肝煎は、鷹場役人の一つであったことがわかる。

以上、本節の内容をまとめてみる。御場所肝煎は伊奈氏失脚後の寛政四年に葛西筋・岩淵筋で新設された。その後、御場拵人足をめぐる問題が起こる中で、段階的にその数が増やされ、文政八年に至って江戸廻り六筋すべてで設置されている。続いて御場所肝煎の職務について検討し、御成御場所の整備やそのための人足徴発、また御成先御買上などの差配など、将軍の鷹狩を実施するための様々な手配を行っていたことが明らかとなった。

そして、その職務は、自らが所管する筋だけでなく、他の筋に出張することもあったのである。これは、御場所肝煎の扶持米が幕府から支給されていることからも明らかなように、この職が鷹場制度の中間支配機構ではなく、鳥見手附の下に位置づけられる役人であったからと考えられる。また、肝煎は、野羽織着用を許され、また一〇年程度の勤務により一身代の苗字帯刀を許されるという特権を有していた。

なお、御場所肝煎の存在を最後に確認できるのは、慶応元年である(30)。肝煎制そのものの直接的終焉を示す史料は、確認できず、慶応三年（一八六七）の鷹場制度終焉によって、その役割を終えたと推定される。

二　鷹野人足肝煎

次に、支配の上で鷹野役所の系統に位置する鷹野人足肝煎について見ていきたい。ここでは、その成立過程、職務内容、身分に分けて分析する。

1　成立と展開

まず、成立の経緯について見てみよう。鷹野人足肝煎は、御成先の御賦御用人足の統括などをその任とする。成立の要因は、人足に関わる問題にあったと思われる。御賦御用人足は、先の御場拵人足同様に、寛政四年の鷹場制度改変直後からその勤方についての問題が生起している。

〔史料6〕

覚

御成之節御賦御用之品々持人足かさつヶ間敷儀有之趣、左様は有之間敷段御沙汰有之候、畢竟不弁もの故右体之義有之候、御用物持送之儀別而往来不作法無之様可相心得事ニ候、殊ニ御成先之儀ハ向々御役人衆も通行有、右御用ニ而往来も多又は御場相障リ候義も可有之条、御賦御道具御酒御番之物類人足之儀ニ付往来かさつヶ間敷儀決而無之、作法宜敷もの騒敷義等無之様村々名主ゟ急度申付、尤右人足・才料・村役人之者前文之趣相心得、前後引纏かさつ無之作法宜往来致候様可取計、尤以来御鷹野役所ゟ出役指添候儀可有之、此以後右体之義有之候ハヽ、其旨相糺御咎可被仰付候ニ付其旨可相心得候、触下村々急度申渡請書取揃指出可申候、右之通御鷹野於御役所触下村々江直々急度可申渡旨被仰付候間、右之趣村々御承知可被成候、以来御成候之節御賦御道具持送持返し人馬相触候節、小前江書面之趣急度御申付差出し可被成候、尤請書之儀一紙連印相認メ可申候、来ル廿四日朝四ツ時例通リ三判御持参可被成候、此状早々御廻し留リ村ゟ御返し可被成候、以上

粕谷村

卯十一月廿二日　　吉郎兵衛印

右村々

御名主中(31)

この史料から、寛政七年十一月には、御成時の御賦御用人足の「がさつ」・不作法が問題化していることがわかる。そして御道具・御酒・御番の物などを持ち運ぶための人足については、不作法とならないよう、村々名主よりよく申

し付けることとしている。ここで注目されるのは、「以来御鷹野役所ゟ出役指添」としている点である。つまり、人足の不作法を改めるための出役も付けるとしており、新たな人足の監督者が必要とされている。このことは後述する鷹野人足肝煎の創出とも密接に関係してくると思われる。

この史料は世田谷領におけるものであるが、ほぼ同内容の史料が寛政七年十月の六郷領で[32]、寛政八年正月には淵江領において見ることができる[33]。ここから、江戸廻り全域において、同様の問題が起こり、幕府として対応していたことが明らかになる。

その後、このような御賦御用人足への対応は、文化期に各領において行われている。具体的には、文化八年に六郷領[34]、文化十年に世田谷領[35]と品川領[36]、文化十四年に野方領[37]の各史料で確認できる。

この中で、文化八年の六郷領、文化十年の世田谷領・品川領では、御賦御用人足について、「相緩ミ人足共権高」が問題とされ、名主方でその内の「重立候者」を村才料に申しつけ、人足を監督させるとしている。

以上のように、文化期においても、人足の勤務不良という問題は継続しており、その中で、村の中から人足の監督者を出させる状況にまでなっている。こうした状況の中で、文化七年に鷹野人足肝煎が新設される。

〔史料7〕

文化七午年十二月廿二日領々触次共一同被召出御手当として金三百疋年番触次者弐百疋被下之、且亦触次之中拾人御鷹野方人足并御賦方人足肝煎被仰付候、右者松伊豆守様被仰渡旨小笠原伊勢守様被仰渡候段、大貫次右衛門殿伊奈助右衛門殿竹垣三右衛門殿列席ニ而被仰渡有之候、其節御鷹野方小笠原安五郎殿松本伝次郎殿御懸りニ而御役所ニ而御請書被仰付右諸書付写帳[38]

〔史料7〕は、文政十年五月「御鷹野御請書物写帳」の頭書である。文化七年十二月二十二日、領々触次一同が馬喰町の鷹野役所に集められ、年来出精のため金三〇〇疋（年番は二〇〇疋）が下賜された。そのときに触次の中から一〇名が、「御鷹野方人足幷御賦方人足肝煎」役に任じられている。この補任は、老中松平伊豆守―勘定奉行小笠原伊勢守によって行われている。ここから、鷹野人足肝煎は、老中―勘定奉行―鷹野役所の系統に位置づけられることがわかる。御場所肝煎が鳥見の系統に位置していることと対照的である。

また、このときに肝煎に任命された触次は、表3の通りである。地域では、麻布領・馬込領・世田谷領（下北沢・深沢）という目黒筋の触次が多くなっていたことがわかる。

2　職務と身分

それでは、次にこの肝煎の職務内容および身分についてみていきたい。

〔史料8〕

御口達書

其方儀御賦方人足肝煎を申付、御用之節計野羽織着用致御賦焚出場等江罷出、都而勤向之儀者　御鷹野方之者共ゟ可申談候間、其旨相心得御用向大切ニ可相勤、尤御用勤日計御手当被下之、右者　松伊豆守殿被　仰渡候段小笠原伊勢守殿被

表3　鷹野人足肝煎の変遷（文化7年〜天保9年）

筋	領	村	名	在任期間
葛西筋	西葛西領本田	渋江村	瀬左衛門	文化7年〜天保9年
葛西筋	西葛西領新田	柳嶋村	嘉右衛門	文化7年〜天保9年
葛西筋	東葛西領上之割	金町村	金左衛門	文化7年〜天保9年
岩淵筋	淵江領新川東	大谷田村	条右衛門	文化7年〜
岩淵筋	岩淵領	西ヶ原村	権右衛門	文化7年〜
目黒筋	品川領	大井村	五蔵	文化7年〜
目黒筋	麻布領	下渋谷村	源蔵	文化7年〜文政9年*
目黒筋	麻布領	下渋谷村	佐十郎	文政9年*〜天保9年
目黒筋	馬込領	馬込村	源右衛門	文化7年〜天保9年
目黒筋	世田谷領	下北沢村	半蔵	文化7年〜天保9年
目黒筋	世田谷領	下北沢村	半三郎	文政12年〜天保9年（見習）
目黒筋	世田谷領	深沢村	有源次	文化7年〜文政10年
目黒筋	世田谷領	深沢村	宅蔵	文化14年〜文政9年（見習） 文政10年〜天保9年（本役）

註　『大田区史　資料編』北川家文書1，255〜257・259〜261頁より作成。
＊のついている年は推定。

仰渡候ニ付申渡ス
一、御鷹野　御成之節焚出場江罷出候儀ニハ無之、御鷹野方江御代官方手附手代外御用多ニ而　御成先出役人少之節、御鷹野役所ゟ　御成御先々日出役場所之儀申遣候間、達定日右場所江出役可致事
一、銘々触下村々之内　御成有之候節者、是迄之通り焚出場茶所江罷出御用向相勤可申、其節も野羽織着用いたし是迄之通り罷出可申事、尤其節者触次持前之勤向之儀ニ付御手当不被下候事
右之通り相心得可申候　以上
午十二月(39)

〔史料8〕は、文化七年十二月、鷹野人足肝煎を任命したときの口達書である。これによれば、肝煎は御用のときに、野羽織を着用し、焚出場へ出勤することとしている。ただし、鷹野御成にあたって、焚出場へのみ出向けばよいということではなく、御成先の出役人が手薄となっているときに、鷹野役所の指示を受けて様々な場所へ出役することも求められている。一方で、肝煎自らが触次を務める組合村へ御成があった場合は、野羽織を着用し、焚出場へ出向くこととしている。

つまり、自らが触次を務める組合村への御成にあたっては、焚出場御用に従事し、その他の地域への御成にあたっては、鷹野方の指示を受けて、鷹場役人が不足する場所へ派遣されるものであったことがわかる。

たとえば、文化八年の年間の出役状況を見ると表4の通りとなる。これを見ると、正に麻布領・馬込領・世田谷領という目黒筋の肝煎たちが、岩淵筋や葛西筋の御成に動員されていることがわかる。

ただし、その詳細な職務内容は、これ以上の史料がないために不明であるが、鷹場役人の代わりとして、現地において御用人足の差配・管理などを担当したものと推定される。また、鷹野人足任命の請書では、御用向きについて

とがわかる。

「村役人江掛合」と記されていることから、肝煎が鷹野役所と村役人層とのパイプ役になることを期待されていることがわかる。

最後に、鷹野人足肝煎の身分・待遇について若干述べておきたい。まず肝煎は、正月に江戸城へ登城して将軍の御目見を受けることが許されていた(40)。また、手当については、〔史料8〕にあるように、「御用勤日」のみ鷹野方から支給されることになっている。ただし、自分が触次を務める組合村へ御成がある場合は、触次本来の仕事であるので、手当は支給されていない。ここから、御場所肝煎同様に、鷹野人足肝煎も鷹場役人の一つであったと言えるだろう。

苗字については、文化七年十二月に肝煎五名が御免となっており、全員ではないが一部の肝煎は苗字を許されていたことが知られる。ただし、その条件については不明である。

おわりに

以上、寛政四年の伊奈氏没落以後、御場肝煎制が展開していく過程を明らかにしてきた。本章の内容をまとめると次のようになる。

第一に、文化・文政期以降の鷹場支配の仕組みを明らかにしたことである。寛政四年に伊奈氏が失脚すると、鳥見は、御場所肝煎という職を創出したことが従来の研究でもすでに指摘されていたが、本章での検討の結果、次のことが明らかとなった。

表4　鷹野人足肝煎勤務状況（文化8年）

月　日	場　所	肝　　煎　　名
閏2月5日	王子筋	五蔵・半蔵・源右衛門・右源次・源蔵
3月26日	王子筋	源右衛門・右源次
8月24日	王子筋	源右衛門・半蔵・源蔵・右源次・五蔵
9月23日	駒場原	源蔵・右源次
12月5日	小松川筋	半蔵・右源次

註　8月24日は雨天延引のため，鷹野役所まで出て引き返した。
『大田区史　資料編』北川家文書1，253頁より作成。

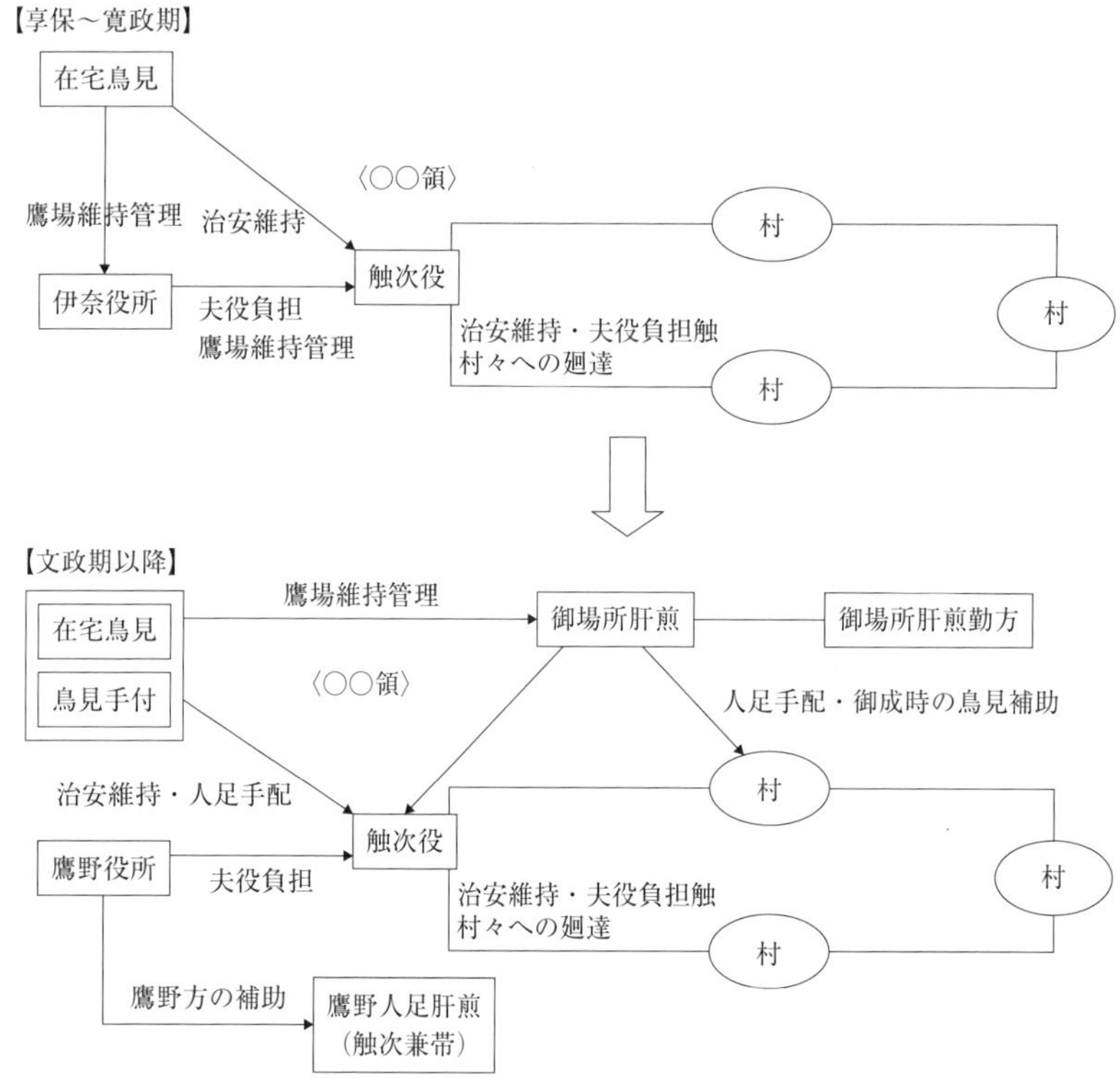

図1　鷹場制度概念図

寛政四年当初は、御場所の多い葛西筋・岩淵筋のみ肝煎が配置されていたが、その後、残る四筋においても御場拵人足をめぐる問題が生起し、化政期には六筋配置体制が完成した。つまり、遅くとも文政八年以降は、江戸廻りのすべての筋で、鳥見―鳥見手附の下に御場所肝煎が置かれ、その鷹場維持管理を補助していたことが知られるのである。

また、同様に寛政~文化期に御賦御用人足についても、勤方をめぐる問題が起こり、文化七年には新たに鷹野人足肝煎が置かれることとなった。この肝煎は、鷹野方の補助にあたり、焚出場での御用などに従事した。

以上、こうした二つの肝煎によって、文化・文政期以降の鷹場は支えられていたと言えるだろう。これは、図1「鷹場制度概念図」のように、上部の【享保~寛政期】から下部の【文政期以降】へと支配体制が変化したということである。

第二に、肝煎の職務内容や身分を明らかにしたことである。御場所肝煎の任務は、人足の差配や御場所の検分などを通して、自らの筋における御場所の環境整備を行うことである。御成御場所の整備やそのための人足徴発、また御成先御買上などの差配など、将軍の鷹狩を実施するための様々な手配を行っていた。そして、それらの職務は、自らが所管する筋内だけでなく、他の筋に出張して行われることもあった。

鷹野人足肝煎は、領の触次の中から選抜され、自らが触次を務める組合村への御成にあたっては、焚出場御用に従事し、その他の地域への御成にあたっては、鷹野方の指示を受けて、鷹場役人が不足する場所へ派遣されていた。そこでは、鷹場役人と村役人とのパイプ役になることが求められていた。

こうした二つの肝煎は、触次などと異なり、その給料は、村・領からではなく、幕府から支給されていた。また野羽織御免・苗字帯刀を認めるなどの特権は、触次などには見られないものである。こうした特権によって幕府は、鷹場に知悉した層の役人化を図った。

以上、本章によって明らかになった二つの点を総括すれば、御場肝煎制は、鷹場制度において、地域と幕府とを結ぶパイプの役割を果たしていたと言えよう。伊奈氏が存在したときは、このような役割も同氏の「家」としての職掌に含まれており、そのため、同氏が没落した後には、地域と幕府の間に生じた溝が顕在化し、鷹場人足の徴発にあたって問題が生じるようになっていったものと思われる。

そうした中、新たに幕府と地域の間に立つのが御場所肝煎や鷹野人足肝煎であった。そういう点で言えば、伊奈氏没落後の、行政のシステムとしての鷹場制度が完成したのは、まさにこの化政期であったと評価できるであろう。

最後に幕政史の中での位置づけについて、展望も含めて述べたい。

化政期における、幕府の地域政策については、文政改革を中心として、改革組合村制の展開による関東農村の治安維持や風俗取締の強化について明らかにされてきた。(41)一方で、化政期の鷹場については、鷹野役の賦課地域拡大によって引き起こされた争論の検討が行われているが、(42)鷹場政策の詳細については明らかになっていない。研究史の中で、この時期の鷹場については、享保期や寛政期と比較して、やや静態的に捉えられているように思われる。

だが、本章によって、化政期に御場肝煎制の拡充・強化が行われ、鷹場制度の立て直しが図られていることが明らかとなった。そして、伊奈氏に依存しない、行政のシステムとしての鷹場制度は、この化政期に完成しているのである。

このように、幕府は化政期に鷹場政策を推し進めていることがわかる。当該期の幕府による地域政策を、従来の改革組合村制を軸とした文政改革だけで評価するのでは不十分であり、鷹場制度の強化も含めて再評価する必要があるのではないだろうか。ただし、そのためには、関東に展開する捉飼場の位置づけなども再考する必要があるだろう。これは今後の課題としたい。

註

（1）太田尚宏「幕府代官伊奈氏の歴史的性格」（『徳川林政史研究所研究紀要』三五、二〇〇一年。補訂して、同『幕府代官伊奈氏と江戸周辺地域』〈岩田書院、二〇一〇年〉に収録）。

（2）太田尚宏「御鷹野御用組合の形成・展開と地域」（関東近世史研究会編『近世の地域編成と国家―関東と畿内の比較から―』。のちに太田『幕府代官伊奈氏と江戸周辺地域』〈岩田書院、二〇一〇年〉に収録）。

（3）根崎光男「寛政期における放鷹制度の展開過程」（『法政史論』五、一九七八年）、同「伊奈忠尊失脚後の関東郡代制」（『日本歴史』五二一、一九九一年）。なお、ともに改稿して同『江戸幕府放鷹制度の研究』（吉川弘文館、二〇〇八年）に収録。

(4) 御場所肝煎については、御場肝煎・御場所人足肝煎・御鷹野御場拵御用人足肝煎・御場御用人足肝煎など様々な呼称があるが、本書では、御場所肝煎に統一する。
(5) 正式な名称は、「御鷹野方人足幷御賦方人足肝煎」であるが、本書では、鷹野人足肝煎と略称する。
(6) 前掲註(3)。
(7) 前掲註(3)。
(8) 前掲註(3)。
(9) 『葛飾区古文書史料集』三 中茎家文書一、八一頁。
(10) 前掲註(3)根崎『江戸幕府放鷹制度の研究』三五九頁。
(11) その他の理由としては、「葛西筋・岩淵筋の鷹場の村々は、河川流域の低地帯であり、御成の準備のためには田さくり・田畔切り抜きや切り下げを行い、田の水をなくす必要があった」(森朋久「『御場御用留』にみる岩淵筋・葛西筋鷹場」〈『文化財研究紀要』一〇、東京都北区教育委員会生涯学習部生涯学習推進課、一九九七年〉四〇頁)という地域性も挙げられるであろう。
(12) 『世田谷区史料叢書』三、三五三〜三五四頁。
(13) 武蔵国多摩郡中野村名主堀江家文書(首都大学東京図書館所蔵)F四一八。
(14) 『世田谷区史料叢書』二、三七〜三八頁。
(15) 『世田谷区史料叢書』三、三四二頁。
(16) 前掲註(13)堀江家文書F二〇二。
(17) 『武蔵国豊島郡角筈村名主 渡辺家文書』二、一三五〜一三六頁。
(18) 『豊島区史 資料編』二、七二八頁。なお、同書では史料の区切りに句点も用いられているが、本章ではすべて読点に統一した。以後、同書から史料を引用する場合は同様に処理した。
(19) 『徳丸本村名主(安井家)文書』一、九一頁。
(20) 旧武蔵国葛飾郡桑川村名主宇田川家文書(江戸川区郷土資料室複写所蔵)一支配―四、整理番号一四五四。
(21) 『豊島区史 資料編』二、七五九頁。
(22) 『武蔵国豊島郡角筈村 渡辺家文書』二、一七四頁。

(23)『目黒区史　資料編』一六九～一八七頁。
(24)『大日本近世史料』市中取締類集五、二〇九・二八〇～二八一頁。
(25) 前掲註(13)。
(26)『大日本近世史料』市中取締類集七、七〇頁。
(27) 大石学「近世江戸周辺農村の機能と性格―武州野方領の分析を中心に―」(『徳川林政史研究所研究紀要』昭和五十八年度、一九八四年。のち改稿して同『享保改革の地域政策』〈吉川弘文館、一九九六年〉に収録)。
(28) 前掲註(23)。
(29) 村上直・根崎光男『鷹場史料の読み方・調べ方』(雄山閣出版、一九八五年)一六一頁。
(30) 葛西筋肝煎を務めていた、細野稽三郎の名を確認することができる(『江戸川区郷土資料集』七、八五頁)。
(31)『世田谷区史料叢書』二、四八～四九頁。
(32)『大田区史　資料編』平川家文書一、五二三頁。
(33) 佐野家文書(足立区立郷土博物館保管)、A三。
(34)『大田区史　資料編』平川家文書一、九二七頁。
(35)『世田谷区史料叢書』三、四二一～四三・二六三頁。
(36)『品川区史　続資料編』一、二三九～二四〇頁。
(37) 前掲註(13)堀江家文書F二〇三。
(38)『大田区史　資料編』北川家文書一、二五五頁。なお、史料中の読点は、筆者が付したものである。
(39) 前掲註(38)。
(40)『大田区史　資料編』北川家文書一、二五三頁。
(41) 森安彦「基礎構造の解体と文政改革」(同『幕藩制国家の基礎構造―村落構造の展開と農民闘争―』〈吉川弘文館、一九八一年〉第二編第三章)など。
(42) 青木直己「江戸廻りにおける鷹野支配と『領』―文政期府中領御鷹野御用一件を通して―」(『立正史学』五八、一九八五年)、太田尚宏「近世後期江戸北郊地域における鷹野役負担―戸田領・岩淵領『御鷹野御用人足一件』とその影響―」(『文化財研究紀要』

八、東京都北区教育委員会、一九九五年）。

第二章　江戸と周辺地域の一体的な統制

はじめに

本章は、主に文政期に浅草寺に対して行われた、境内家作の普請統制を検討する。それによって、文政期以降、鷹場という治安維持機構の特性は、江戸という都市と周辺農村を一体的に統制し、環境整備・治安維持を行いえたところにあると指摘し、同時期の治安維持機構である改革組合村との差異を論じるものである。

序章でも見たように、江戸から半径五里の地は将軍家の鷹場（御拳場）とされ、鳥見が環境整備や治安維持にあたっていた。鳥見は、鷹場内で家屋などの新築・修築の許可や治安維持、また農間余業調査（寛政期以降）などにあたり、まさに、鷹場を通して江戸周辺農民の生活を統制し、広域的な治安維持を行っていた。(1)なお、近年は、鳥見による家作統制の実態と、屋敷改との関係についても明らかにされてきている。(2)

一方、江戸周辺地域における広域的な治安維持機構としては、鷹場のほかに改革組合村を挙げることができる。この組合村は、文政十年（一八二七）から同十二年にかけて、関東一円の村々を領主の異同に関係なく、四、五ヶ村程度を一まとめにして設定されたものである。(3)これは文化二年（一八〇五）に設置されていた関東取締出役による取締機能をさらに強化することを企図していた。改革組合村の機能としては、①警察的支配の強化、②村内訴訟の処理、③農間余業調査などによる経済統制、④若者組対策と封建意識の再建があった。(4)こうした一連の政策は、文政改革とも呼ばれ、在郷商人の発達や小農層の没落によって引き起こされる共同体秩序の弛緩や身分制支配の動揺、また治安の悪化に対応するものであった(5)。

こうした研究の中で、江戸周辺地域における治安維持機構としての鷹場と改革組合村をどう捉えるのかが一つの課題であった。これには、二つの視点がある。

第一は、改革組合村の治安維持機構としての機能を鷹場の持つそれを発展させたものとみる視点である。これによれば、鷹場の機構とは、基本的に鷹狩のためのものであり、広域の犯罪取締などには限界を持つものであった(6)。そのため、化政期の治安のさらなる悪化の中で、鷹場機構ではこれを制御できなかったとする(7)。こうした中、治安維持機構としての役割は改革組合村へと引き継がれていったとするものであり、鷹場と改革組合村とを単線的に捉えていると言えるだろう。

第二は、鷹場と改革組合村の治安維持機能を複線的に捉える視点である。増田節子氏は、幕末維新期における東叡山領の組合村と鷹場組合・寄場組合(改革組合村)の関係を分析し、鷹場組合は村方取締の機能を持ち、それは寄場組合と相補う関係にあったとする(8)。また宮坂新氏は、鳥見による農間余業の統制と、関東取締出役による統制を比較・検討している。そこでは、鳥見による統制が商売株の設定によって農間余業を数的に制限するものであったことから、この規制の目的は少なくとも当初は鷹場に属する江戸周辺農村における景観の町場化を防ぐことにあったのではないかとしている。そのため、風俗取締や治安維持を主たる目的とする関東取締出役とは目的を異にしており、両者が併存しえたと論じる(9)。

こうした二つの視点について、第一の視点については、鷹場の治安維持の機能の限界性を述べるだけでは、鷹場が幕末期まで存在した理由を説明できないという問題点がある。桎梏となりつつある鷹場が、なぜ幕末期まで存続しえたのであろうか。また、第二の視点について、増田氏の所説は鷹場と改革組合村の相互補完関係の具体像を説明していないことが課題である。そして、宮坂氏の所説については、鷹場による農間余業規制の目的が、江戸周辺農村における景観の町場化を防ぐことにあるとすると、鷹場の治安維持機能（殺生人の取締など）は、なぜ改革組合村のそれと併存しえたのかが課題となってくるであろう。鷹場の規制が、その環境維持のために存在したことに異論はないが、治安維持機能という視点で見たときに、鷹場と改革組合村の差異をどう評価すればよいのだろうか。

そこで本章では、鷹場と改革組合村とがなぜ併存しえたのか、さらに検討を進めようとするものである。その一つの鍵が、取締の範囲として都市江戸を含むか、含まないかという点である。江戸と鷹場については、すでに根崎光男氏が、御府内の大部分は鷹場に編入され、ほぼ江戸城外壕の外側から御拳場に指定されていたことを明らかにしている。(10)一方で、改革組合村が対象とするのは、あくまで地方（在方）であった。(11)ゆえに改革組合村には江戸の町方は含まれておらず、江戸との境界に位置する町並地においても、在方分を明確に分けて組合村に所属させているのである。(12)

つまり、江戸という都市をその領域に含むか、含まないかということが、鷹場と改革組合村を分ける差異となっている。とすれば、そうした差異に着目することにより、文政期以降の鷹場の治安維持機構としての独自の性格が明らかになってくるのではないだろうか。(13)

以上のような問題点を踏まえ、本章では、江戸を中心にして、文政期における鷹場政策の実態を明らかにしていくこととする。その事例として、浅草寺（現台東区浅草二丁目）に対する取締強化を見ていきたい。

最近、地域編成の問題に収斂させず、寺社のアジールと鷹場との関係性を分析するという新しい研究視角が提起されている。(14)本章では、こうした成果に学びつつ、江戸に位置した浅草寺が、鷹場の論理によってどのように変容していくかを分析し、先に記した課題に迫っていきたい。

浅草寺と鷹場については、すでに天明六年（一七八六）の御鷹餌鳥殺生一件を分析した竹内誠氏の研究がある。そこでは、浅草寺はその境内を「古来ゟ殺生禁断」の場所と主張するが、幕府は「永殺生禁断」の場所ではないとしたことが明らかにされている(15)。また小沢詠美子氏は浅草寺の火災報告について分析し、天保五年（一八三四）以降、寺社奉行や寛永寺よりも先に鳥見に届け出る義務を寺が負ったことを明らかにしている(16)。以上のように、同寺の殺生禁断と鷹場の関係や、火災対応の中での鷹場の位置に言及したものがあるものの、鷹場と浅草寺の関係を本格的に論じたものはない。

また、武部愛子氏は、浅草寺の末寺で、江戸周縁地域に位置する浄光寺を事例に、鷹場御膳所となる寺院がどのように寺院再建を果たしていったのかを分析している(17)。浄光寺の建築にあたって、寺社奉行とともに、鳥見が出願の窓口として機能している点などが明らかにされているが、本寺である浅草寺と鳥見の関係については触れられていない。

そこで、本章では、浅草寺と鷹場との関係を検討した上で、文政期に同寺に対してなされた統制の実態を明らかにしていく。第一節では、浅草寺と鷹場の関係について分析し、続く第二節では、文政六年に浅草寺に対して行われた新たな統制の様相について明らかにする。さらに第三節では、何故、こうした変化が起こったのかを、文政期における鷹場取締政策の中で検討していくこととする。

ここで後の議論の前提として、金龍山浅草寺の概要について簡単にまとめておきたい(18)。

古代・中世にすでに観音信仰の重要な寺として存在していた浅草寺は、江戸時代に入るや幕府と緊密な関係を持つこととなった。徳川家康は、慶長十八年（一六一三）三月に武蔵国豊島郡千束村にて寺領五〇〇石を寄進している。しかし、貞享二年（一六八五）に別当忠運僧正が徳川綱吉の生類憐れみ令を批判したとして別当職を罷免され、以後浅草寺は同じ天台宗の東叡山上野寛永寺の支配下に置かれた。さらに元文五年（一七四〇）からは東叡山門跡（日光輪王寺門跡を兼任）が浅草寺別当職をも兼帯している。そのため、別当代という職を設けて東叡山門跡の出先機関とし、これが実質的な浅草寺の総責任者（ただし、これも東叡山門跡による選出で、外部から選ばれる）となった。

浅草寺の運営については、一山の三四ヶ寺によってなされていた。そのうち、一二ヶ寺は衆徒と呼ばれ、あとの二二ヶ寺は寺僧とされて、明確な格付けがなされていた。支配組織としては、別当代を補佐し、寺務や一山・末寺・門徒関係のことを管掌する役者（衆徒の中から通常二名）があり、浅草寺内部で選出される。また、この外に紅葉山御宮へ日々勤番して寺務を司る代僧や、僧侶ではないが、観音堂専属の堂番（二名）、また浅草寺領の民政を統括する代官（二名）などが存在していた。

また寺院の空間は、境内と領内とに大別される。境内とは、本堂や諸堂が展開する仁王門内側の地域と、寺中三四院の境内域である。このうちには、南馬道町・同新町・北馬道町などの境内町屋も含まれていた。一方で、領内とは朱印地五〇〇石（千束村）を構成する浅草寺領の村と町々を意味していて、浅草寺代官の支配下に置かれ、年貢を納入していた。門前町屋は領内に入る。

最後に、本章では浅草寺の所蔵で、同寺中の日並記録である『浅草寺日記』を主に用いることを記しておく。(19)

一　浅草寺と鷹場

1　浅草寺境内と鷹場

まず浅草寺と鷹場との関係についてみていきたい。

はじめに指摘できるのは、同寺が将軍やその世嗣の鷹野御成時の御膳所・御小休所に指定されていたことである。その起源は、享保十八年（一七三三）であり、このときより幕末に至るまでこの指定は変わらなかった。[20]また、浅草寺に御成してきた将軍が奥山の大道芸などを楽しんでいたこともすでに指摘されている。[21]宝暦四年（一七五四）の大納言御成のときには、小六鞠之曲や扇子折源水色々芸を上覧し、[22]明和七年（一七七〇）の大納言御成においては、曲こま廻し・びいどろ吹・楊弓・草花植木・小鳥・扇子折・造り花・吹矢を上覧している。[23]

さらに、上覧した見世物が一般興行へと発展する例もあった。延享五年（一七四八）閏十月、大納言徳川家治が「ひいとろ」を上覧した。このとき、以後も参詣者への見世物として行えるようにと、硝子屋勘兵衛が願書を提出し、浅草寺より許可されている。[24]このように、浅草寺は将軍御成の御膳所・小休所であるとともに、遊興の場でもあったのである。

それでは、浅草寺の境内は鷹場の領域に入ってくるのであろうか。享保年間の鷹場を示した「江戸廻り六筋御鷹場絵図」[25]でも、文化年間の鷹場を示した「江戸御場絵図」[26]においても、浅草寺がある場所は、御拳場（岩淵筋に属する）に含まれている。しかし、浅草寺の境内すべてが鷹場に含まれていたわけではなかった。

〔史料1〕

一、覚善院入来口上、左之通

戸田日向守殿江届書持参之節中田辺御鷹場ニ有之候哉、且御鷹場ニ無之哉、書付ニ而差出候様被申聞候ニ付、右之段御伺申上候趣被申候ニ付、右者先例修善院方ニ有之候趣承り候ニ付、同院江問合候処、先例書左之通申来候

一、当所近辺御鷹場ニ而御座候、以上

浅草寺衆徒

修善院印

脇坂淡路守様御内

岡田助之丞殿

片山忠兵衛殿

亨和元酉年五月廿八日脇坂淡路守殿江差出候書面之写

右ニ付、此度も右之振合ニ而相届候事(27)

〔史料1〕は、天保十三年（一八四二）九月、境内の「中田辺」が鷹場であるかどうか、寺社奉行（戸田日向守）より浅草寺に対して問い合わせたものである。これに対して、浅草寺の側では、享和元年（一八〇一）の五月に寺社奉行（脇坂淡路守）より同様の照会があり、今回もその先例にならって回答するとしている。

ここに出てくる中田という地名は、東谷（中谷）のことを指す(28)。浅草寺の境内は平地であったが、奥山や東谷・南谷・北谷という地名があり、このうち東谷は中谷ともいった(29)。この中谷には、随身門前の寺が位置し、照会を受けた覚善院もその一つであった。

ここでは、「中田辺」「修善院近辺」といった境内の一部分が鷹場にあたっているのかが、問題とされていることに着目したい。また、「辺」という曖昧な表現をとっていることも、鷹場の範囲を検討する上で重要である。

〔史料2〕

浅草駒形堂之儀御鷹場ニ候哉之旨、御尋之事

右同所近辺御鷹場ニ御座候、以上

五月

浅草寺別当代
喜　見　院[30]

〔史料2〕は、安政三年（一八五六）五月に浅草寺の駒形堂近辺が鷹場であることを回答したものである。これは、先年の地震で大破した駒形堂の修復を浅草寺が届け出たときに、寺社奉行より同所は鷹場にあたっているか照会がなされ、それに別当代が返答したものである。ここでも、「同所近辺」という非常に曖昧な返答になっている。

このような照会―回答の往復は何を意味しているのであろうか。結論として考えられることは、浅草寺の境内総体としては、鷹場の領域には含まれてはいなかった、ということである。先に指摘した通り、浅草寺の位置する場所は、原則的には御拳場の内に入ってくるものであった。しかし、こうした回答が行われるということは、当時浅草寺境内のすべてが鷹場に含まれていたわけではないことを示している。またさらに、「～近辺」というような表現からも窺われるように、その境界線も曖昧であった[31]。

以上のように、浅草寺境内の一部のみが鷹場であったという事実は、後に触れるように、鳥見と浅草寺の関係に影響を与えることになる。

2　浅草寺領内と鷹場

続いて、浅草寺領内が鷹場であったのかを検討する。

「はじめに」で記したように、浅草寺は、広大な境内と地続きの千束村五〇〇石を寺領として与えられ、同地は、菊池・本間両家の代官によって支配されていた。ただし、領内の内に町（門前町）ができるようになり、この門前町人の支配については、万治二年（一六五九）以後は、町奉行によって管轄されることになった[32]。これによって、門前町は、代官と町奉行による両支配が行われていたのである。

門前町の町名については、吉原健一郎氏作成の表5のとおりである。なお、南馬道町と北馬道町は、境内の屋敷であり、領分には含まれない御朱印地であった(33)。このうち、門前町は、寛政三年（一七九一）に浅草寺より幕府へ提出した上申書によれば「江戸町同様ニ御支配被成下」とあり、もともと免除になっていた公役も務めているとしている(34)。

表5　浅草寺領門前町一覧

	町　名	小　間（間 尺 寸 分）	家数（軒）	名　主
1	諏訪町	218 3	287	治左衛門
2	駒形町	212	195	松四郎
3	田原町1丁目	150	267	同
4	同　2丁目	193	342	同
5	同　3丁目	172	280	同
6	東仲町	274 3	451	治郎左衛門
7	三間町	375	562	吉左衛門
8	西仲町	227	339	同
9	並木町	152	149	伊兵衛
10	茶屋町	50	48	同
11	材木町	148	168	権左衛門 後見松四郎
12	花川戸町	350	520	同
13	山之宿町	289	285	同
14	聖天町	393	618（14・15計）	作左衛門
15	同横町	153		同
16	金龍山下瓦町	196	131	同
17	（南馬道町）	153 1 4 3	62	庄左衛門
18	山谷浅草町	189 4 9	276	同
19	田町1丁目	445 4 5（19・20計）	268	五郎左衛門（19・20）
20	同　2丁目		292	
21	（北馬道町）	80	45	同

註　ほかに斎頭門前・常音門前・南馬道新町も町奉行支配。浅草寺日並記研究会編『江戸浅草を語る』（東京美術，1990年）110頁より転載。吉原健一郎氏作成。

この門前町のうち、元文三年（一七三八）より、一〇ヶ町（諏訪町・駒形町・並木町・西仲町・東仲町・三間町・田原町・山谷浅草町・田町・聖天町）から鷹場法度を鳥見に提出していた(35)。こうした門前町は、享保期の前掲「江戸廻り六筋御鷹場絵図」でも、鷹場の領域として描かれている。

また、寛政四年（一七九二）の鷹場組合村では、橋場村の文次郎が触次を務める武州峡田領三六ヶ村組合（高五〇三四石余）に、先の一〇ヶ町に四ヶ町（材木町・花川戸町・山之宿町・茶屋町）を加えた一四ヶ町が入っている。境内町とされる南北馬道町(36)や、金龍山下瓦町などは含まれていないが、浅草寺の門前町のほとんどが鷹場となっていたことが知られるのである。

以上、本節では、浅草寺と鷹場の関係について明らかにしてきた。以下に内容をまとめる。浅草寺は享保十八年（一七三三）以降、将軍御成時の御膳所・小休所となり、将軍やその世嗣が様々な見世物を楽しむ遊興空間となっていた。また、浅草寺の門前町はそのほとんどが鷹場となっていた。一方で、浅草寺の境内は、御拳場の範囲に含まれるものの、一部の場所のみが鷹場となっていた。つまり、浅草寺は将軍の鷹狩と深く関係する場所であったが、境内―領内一体となって鷹場に指定されていたわけではなかったのである。

二　文政六年における浅草寺の普請統制と鳥見

本節では、文政六年（一八二三）における鳥見の浅草寺の普請統制の実態、また前後の変化などを明らかにしていきたい。

1　文政六年以前の浅草寺と鳥見の関係

まず、文政六年以前の浅草寺と鳥見の関係について分析したい。『浅草寺日記』においては、寛保四年（一七四四）より鳥見についての記事を見ることができる(37)。

鳥見は、享保期の鷹場再置後は、御拳場を支配し、鷹場管理を担当する役職であった。江戸廻りの六筋にそれぞれ在宅鳥見が役所を構えて在住し、浅草寺のある岩淵筋では上中里村に役所が置かれていた(38)。そして、この岩淵筋の鳥見から、将軍・世嗣御成をめぐって浅草寺にたびたび問い合わせがなされている。

〔史料3〕

一、鳥見衆中里役所高橋清次郎ゟ別紙之通有無之儀書、明廿日書付取差出候様ニ馬道名主甚右衛門方迄申来候由、本間庄太夫申出候間、左之通書付相認甚右衛門江渡遣候様ニ申渡候、留書左之通

覚

浅　草　寺

右御膳所ニ之《(ママ)》節置付御屏風、又者拝領御屏風有之候哉与御尋ニ御座候、只今迄御膳所之節置付御屏風御預リ無御座、勿論拝領御屏風無御座候、以上

浅草寺代官

亥五月　　本　間　庄　太　夫　印

右中里役所江名主甚右衛門持参候処被相納、外ニ尋等も無之由(39)

〔史料3〕は、宝暦五年（一七五五）五月に、岩淵筋の鳥見から浅草寺に対して、将軍御成時の屏風について問い合わせた一件を書きとめたものである。しかし、寺と鳥見の間で直接的に書状をやりとりしていたのではなく、境内町名主（山名主）を介している点に注目したい。ここでは、上中里村の鳥見役所から馬道名主甚右衛門へ下問があり、同名主から浅草寺代官を通して別当代へ上申し、また浅草寺からの返答も、代官より行われている。

宝暦年間には、このほかにも鳥見による浅草寺への問い合わせがあったが、右と同じルートを通している。まず宝暦七年七月には鳥見高橋清次郎より馬道名主に対し、東叡山門跡の別当兼任後の御成御膳所の記録について問い合わせがあった。馬道名主側では、当方では不明として、代官へ伺いを出し、そこから別当代へ伝達され、書付が作成されている(40)。さらに、宝暦十二年には、鳥見より境内名主に対し、将軍御成時に「御的」遊びをしたことが記録としてあるか問い合わせがあった。これについても、浅草寺領の代官を経て浅草寺に伝達され、鳥見へは名主より返答して

いる。(41)

このように、鳥見役所と浅草寺との間では境内町名主を通して照会―回答が行われていることが知られる。それが文化元年（一八〇四）以降になると、鳥見と浅草寺の間で直接接触が行われるように変化していくのである。

〔史料4〕

一、御鳥見中野宇右衛門と云人玄関へ被相越、近々当筋へ大納言様御成ニ付、明日ゟ御境内江御慰もの取建、小屋場等取掛申候、拙者共其掛ニ付此段御届申候、十六日御見分之筈ニ御座候由承知之旨及返答(42)

この史料は文化元年三月十三日の記事である。鳥見の中野宇右衛門が直接浅草寺の玄関まで来て、大納言御成にあたって境内へ小屋場などを建てることになり、鳥見がその掛りになったと伝えた。

将軍または世嗣御成の準備にあたって、直接鳥見が浅草寺を訪れたのは、管見の限りこのときが最初である。天明八年の御成より御成跡開帳の通達は御場掛(43)―鳥見ルートによって行われていたが、このときは、鳥見が直接見分を行うとしている点が注目される。

また、文化九年（一八一二）、九月二十二日に鳥見石橋半平が御成跡開帳の調査のため、浅草寺を訪れて、御成跡開帳を仰せつけられた先例や、その間隔について尋ね、浅草寺側はその場で回答している。(44)このように以後浅草寺への問い合わせは、境内名主を介さずに、鳥見より直接行われるようになっていた。さらに、文化期よりは、将軍の御成などにあたって、側衆(45)・奥向衆(46)などと浅草寺の間の連絡役を、鳥見が果たしていたことも知られる。

以上のように、文化期以降、御成や開帳の調査や実施をめぐり、鳥見と浅草寺の間で直接連絡が行われるようになり、また御場掛・側衆・奥向衆と浅草寺の仲介役を鳥見が果たすように変化してきていることが指摘できるのである。

これは浅草寺という寺院への鳥見の関与が強まったということを意味している。何故、文化元年であったのか、という点は今後検討を進めていく必要があるが、本章では、来る文政六年の統制へ向けた一つの布石として評価しておきたい。

2　文政六年における統制の実態

次に文政六年における鳥見による普請統制がどのようなものであったかを明らかにする。

まず、文政期以前の普請統制について触れておきたい。結論から言えば、この時期には、境内の普請については寺社奉行へ届けるだけで、鳥見に対して届け出を行う慣例はなかった(47)。寺社奉行への届出についても、免除の特権を有していたが、寛政期から提出が義務づけられたものであった(48)。

そうした中で、文政六年七月二十六日に、鳥見より浅草寺の役者に対して、次のような問い合わせがなされた。

〔史料5〕

一、浅草懸り御鳥見方ゟ役者名宛ニ而左之通

以手紙致啓上候、然者浅草寺御境内之儀者観音堂始諸堂社修復且新規取建物等有之候而も、拙者共御役方江御届御掛ケ合等無之候処、一体御場所内寺院之儀者諸修復少々之作事等ニ而も寺社奉行衆ゟ問合有之、見分之上御場障有無相答候儀ニ而、既ニ去ル丑年正月中御境内鋪石出来候節者、御成御場所之儀故阿部備中守殿江御伺之上、浅草寺代官中ゟ拙者共江御届有之候之間、右之段奥向江申上置候、右鋪石ニ限り御届有之其余之儀者何事ニ不寄御届等無之候間、拙者共於御役方ニ差支之儀有之候間、以来之儀者御境内相替候儀有之候節者其都度々御届有之候様いたし度存候

一、御成御前夜御境内若出火其外異変之儀有之節者、何方江御届有之候哉、御場内御成御道筋之儀者拙者共御役

方ニ而取扱候儀ニ付、是迄之儀者兎も角も以来右様之儀有之候節、拙者者御場先江罷出居候間右方江御届有之候様いたし度、右之段御出来ニ而御届等も難被成筋ニ候得者、品ニ寄寺社奉行衆江申達候間、此段御内々御掛ケ合申候、否承知いたし度奉存候、以上

七月廿六日[49]

ここで鳥見は、浅草寺では境内の諸堂修復および新規建築にあたって、鳥見方まで何の届も提出していないことを問題としている。なぜなら、通常、御場所内（御拳場内を意味する）の寺社であれば、たとえ修復の場合や小規模な建築物であっても、御場の障害にならないか鳥見が検分を行い、その旨寺社奉行へと返答しているからである。

そこで鳥見は、去る丑年（文化十四年）正月中の先例[50]を引き合いに出し、以後は境内で建築物などの変更があったら、その都度届を出すようにされたいと要請している。つまり、無届の特権を認めず、他の御場所内寺院と同様の義務を課すことを企図している。

また、次の条からは、御成前日に出火その他の異変があった場合は、巡回中の鳥見に届け出ることも求めていることが知られる。

これに対して、浅草寺の役者より、鳥見三名へ返答書が出された[51]。そこでは、境内建物修復・新規取建の届出について承知し、重要なものは直接寺より提出し、それ以外は境内町名主より届け出るとしている。また御成前夜の火災・異変については、寺社奉行以外に、鳥見へも同名主より届け出ることとしている。全体として、鳥見によって要請された内容を、寺側がほぼ受け入れるものであった。

以上のような経緯を経て、次のように決定された。

〔史料6〕

文政六年未八月四ゟ（日）新規相定り候事
一、新規取建拵候事
一、諸堂普請幷修復ニ付高足代掛候事
　　但少々取繕之儀者届不及事
一、諸方模様替之事
一、諸見世小屋間口五間以上之小屋掛候節可相届事
　　但当座之見世物ニ而間口弐間四方位之小屋掛候節者届不及事、楊枝見世茶見世等有形家根造付替等之節
　　も可為同前事
一、御成前夜出火幷違変有之候節、御鳥見旅宿迄相相（衍カ）届候事
右之通ニ御座候間為御心得差上置申候、以上(52)

これにより、①境内の建物新規取建や修復・模様替、②境内の見世小屋について間口五間以上のもの、③御成前夜の出火・異変については、鳥見への届出が義務づけられたのである。

ここでは、寺院の建物自体の統制に加え、境内に展開する見世へも一定の条件を設けながらも届出を義務づけていることが興味深い。先に浅草寺が将軍の遊興の場となっていたことを述べたが、境内から門前町は、見世・小屋が展開し、盛り場としても賑わっていた。そうした場所は、治安維持の面から鳥見にとって重点警戒区域となる。

しかし、これまでは門前町は鷹場に入るものの、境内については、すべてが鷹場に入るわけではなく、その中に展開する見世が取締の範囲に入るか否かは不明確であったと思われる。この取極によって、境内の見世も鳥見の統制範囲に含まれることが明確となったのであり、その点で大きな意味を持つものであった。

以上、「一体御場所内寺院」同様に、浅草寺の境内の建物修復・作事について鳥見が管理する体制へと移っていったことが知られる。ところが、実際のところは、浅草寺としてこれを無条件に受け入れたわけではなかった。別当代の記録の文政六年八月十一日条には次のように記されている。

〔史料7〕

口上覚

此度浅草掛り御鳥見方ゟ当山役者江、已来観音境内幷本坊境内向模様替り或者修復足代等致候節者、一々相届候様被申聞候ニ付、浅草寺儀者古来ゟ境内向惣而修復模様替之節ニ而茂、御届不申上候振合ニ候趣返回答候処、左候ハヽ、御場御差支ニ茂相成候故寺社奉行所江申達、奉行所ゟ浅草寺江御達有之候様可致趣被申聞候ニ付、左候而者向後差支等御座候而致難渋候故、已来浅草寺境内修復幷茶見世等模様替之節者、境内名主喜左衛門ゟ御届可申上趣申入候処右之通ニ而相済候、此段申上候、且又右之通名主喜左衛門ゟ境内向之儀一々相届候得者格別用向多分御座候故、向後修復料之内ゟ二季ニ金弐百疋ツヽ、為太儀料与右名主江被下置候様仕度奉存候、此段奉窺候、以上

未八月

境　智　院[53]

境智院より寛永寺へ出された窺書によれば、浅草寺は古来より修復・模様替であっても届を出した例はないと返答したとしている。すると、鳥見側は、「御場差支」を理由として、それならば寺社奉行を通して達の形でこの件を通達すると浅草寺側へ迫った。そうなっては、寺側が難渋することになるので、境内での修復については名主より届け出ることとしている。また届出は、境内町名主を通して行われるので、名主の事務が増えてしまうため、以後、太儀料として浅草寺より名主へ二季に二〇〇疋ずつ支払われることになった[54]。

この史料から、鳥見による統制の実態を知ることができる。ここで、修復・模様替について届を出したことがないとしているのは、寺社奉行についてもそうした届を出していないということを意味している。浅草寺が寛政期以降に普請について届を出すようになっても、新規造立や造築の場合だけで、修復については無届であった(55)。それに対して鳥見は、この修復・模様替についても届を差し出すことを寺側に認めさせている。なぜなら、鷹場に位置する寺院は、たとえ修復であっても、境内の普請について鳥見へ届を出しているからである。

つまり、鳥見は浅草寺に対して、従来の無届の特権を否定した上、修復についても届を出させるなど鷹場の論理を貫徹させて普請統制を行っていることが看取されるのである。

前掲の小沢詠美子氏の論文では、天保五年の火災を境に、浅草寺の火災報告をまず鳥見に対して行うよう命じられたことが明らかにされている。天保初年においても、江戸周辺地域秩序の再々編成が計画され、その布石のひとつとしてこうした措置がとられた可能性を指摘しているが(56)、これは、文政六年より行われた鳥見による統制策の段階的強化と捉えるべきではないだろうか。

3　届の提出状況および鳥見との関係

それでは、文政六年以後、実際にどのような届が浅草寺から出されるようになったのかを確認しておきたい。

表6は、文政八年から十年までの三年間に、浅草寺から鳥見に出された届の内容を示したものである。これを、三つに分類すると、①境内建築、②開帳、③富興行となるであろう。境内建築については、御座之間など寺の建築物のほか、境内の葭簀張掛見世などがある。これは先の文政六年八月四日の取極の中に見える通りである。

一方で、開帳と富興行については、この取極の中には見られないものの、逐次届出がなされており、この二つで三

表6　浅草寺役者から鳥見へ出された願書・届出一覧（文政８年～同10年）

年　月	内　容	年　月	内　容
文政８年正月	御座之間屋根などの修復願	文政９年10月	浄光寺富興行再開届
３月	雷神門修復取掛届	10月	観世音来三月より助成開帳届
６月	智恩院宮突富興行の場所貸届	文政10年２月	日音院持念仏堂修復届
７月	同上富興行掛札届	２月	円乗院門所修復届
８月	御座之間の修復願	２月	智光院境内へ葭簀張掛見世差出願
９月	牛込穴八幡別当放生寺および木下川浄光寺の富興行場所貸届	５月	荒沢堂摂待茶所の普請届
		５月	観音堂銅板葺願
９月	雷神門修復出来届	５月	観世音開帳日延届
10月	日音院境内の物見修復届	６月	観世音閉帳届
10月	穴八幡富興行定日届	６月	開帳建札取払届
10月	同上富興行掛札届	６月	太神宮社内富興行届
10月	花頂御殿富興行日変更届	６月	浄光寺富興行定日変更届
11月	浄光寺富興行定日届	⑥月	智光院境内へ葭簀張掛店差出届
11月	同上富興行掛札届		
11月	観音堂正面屋根向差瓦につき修復期間延長届	⑥月	雷神門続へ葭簀張掛見世差出願
11月	御座之間朽損につき見分願	８月	覚善院霊府尊本祠土蔵修復届
文政９年正月	穴八幡富興行定日変更届	９月	駒形観音堂屋根修復届
３月	雷神門前奉納名前掛札取払届	11月	太神宮社内富興行日替届
４月	浄光寺富興行定日変更届	12月	太神宮社内他富興行日替届
９月	勝手向修復取掛届		

註　文政８・９年は『浅草寺日記』16巻より作成，同10年は『浅草寺日記』17巻より作成。
　　マル付数字は閏月を示す。

年間に出された届出全体のほぼ半数を占めている。鷹場領域に含まれる村では、鷹場法度により、寺社の開帳を始めとした行事・興行を鳥見に届け出ることが義務づけられているので(57)、浅草寺に対してもその規準が適用されたことになる。

滝口正哉氏の研究によれば、浅草寺の御免富については、浅草寺自らが行う興行と、子院が受け入れる他寺社の興行があり、とくに後者については、文政四・八年の二度にわたる幕府の規制緩和によって、同時期に盛んに行われていた実態が明らかにされている(58)。

文政六年八月より、開帳・富興行を鳥見が把握し、遊興空間としての浅草寺境内全体が鷹場による管理の対象に取り込まれていたことが知られるのである。このことから、浅草寺に対する統制が、単なる環境規制ではなく、治安維持の意味も持っていたことがわかるであろう。

では、この文政六年以降、浅草寺と鳥見との関係はどのように変化していったのであろうか。二点指摘しておきたい。

変化の第一は、敬称についてである。文政六年、浅草寺から鳥見へ提出された書状において、初めて「様」の敬称が付けられた(59)。その理由として、御成門外の矢来の普請で、世話になったことを挙げている。以後鳥見に対する宛名は「御場掛り御役人中様」となり(60)、それは幕末期まで継続された(61)。同輩以上に付けられる「様」が敬称となっていることは、このとき以後の浅草寺と鳥見の関係を如実に示していると言えるだろう。

第二に、鳥見寄合(62)を通して、浅草寺と鳥見の関係がより密接になっていったことも指摘できる。一例を挙げると、文政八年には御座の間の修復願について、「右書面荒沢堂ニ而御鳥見寄合ニ付差出候事、尤寄合席江内々ニ而御酒肴幷そば進上、勿論御鳥見之内壱人心安キ方ニ為含、同伺ニ而差出候事(63)」とある。

ここから、鳥見による統制の強化に対して、浅草寺側も寄合などを利用し、鳥見に接近していくことが窺われるのである。このように、文政六年以降、鳥見と浅草寺の間では、より密接な関係が取り結ばれるようになっていったのである。

以上、本節では、①文化期から直接鳥見と浅草寺の間で接触が持たれるようになったこと、②文政六年から鳥見による普請統制が始まったこと、③その結果、寺院の修復や境内の葭簀張床店など普請全般、および開帳・富興行などについても、鳥見へ届け出るようになったことを明らかにした。かくして、浅草寺は、文政六年より特権を失って、他の御拳場内の寺社同様の普請統制を受け、また治安維持の対象となっていったのである。

三　文政期の鷹場取締

以上、鳥見の浅草寺への統制の実態について明らかにしてきた。次に疑問となるのは、なぜ、文政期に統制が強化されたのかということである。

その理由の一つとして考えられるのは、この時期に浅草寺境内の中に、借家貸地が多く存在していたことである。光井渉氏は、文政期には、浅草寺子院境内地の五〇％以上が借家貸地になっていたと述べている。(64)この理由は、財政逼迫の中にあって、門前町屋の規制を受けた浅草寺側が、借家型の境内地開発に乗り出したことにあるという。そして、そこに居住したのは裏店層であり、それによって境内地は、場末化・悪所化していたとする。

そこで、浅草寺の側も、寛政三年（一七九一）より借家制限に乗り出し、さらに文化十一年（一八一四）には宅地化している現状をとりあえず追認し、その組織化とその支配の徹底化を図ったとされる。こうした中にあって、地域の治安悪化を防止するために、鳥見が浅草寺境内地の普請統制に乗り出したものと考えられるのである。

それでは、なぜ取締が始まるのが文政期であったのか。そのためには、文政期における鷹場政策の実態を見てゆかなくてはならない。以下それを検討したい。

1　鷹場役人の再編・強化

文政期の鷹場政策で重要な点は、鷹場取締関係の役人が増強されたことである。文政三年、鷹場村々の取締役として、大貫次右衛門・中村八太夫・竹垣庄蔵・林金五郎が鷹場取締代官に任命されている。(65)ここに、その典拠となった史料を挙げ、再度検討してみたい。

〔史料8〕

大貫次右衛門様御手代
酒巻浅蔵様御場締御廻り

以廻状得御意候、弥各々様方御機嫌良く御勤役被遊候事と大悦ニ奉存候、然ルは此度御拳場之内御取締り役として

大貫次右衛門様
竹垣庄蔵様
中村八太夫様
林金五郎様

右四人様江従御奉行被仰付、不時ニ御廻村被成候由、慥ニ承り及候間殺生人は不及申ニ、無宿者体風俗之者、魚猟為可取之用水堀内切込、其外うけとあミ類迄厳敷御吟味由、谷古田領抔ニ而はうけとあミニ而甚難義者有之候由ニ御座候間、小前末々迄厳敷被仰渡可然奉存候間御通達申上候、以上

辰十月十三日　麦塚村
触頭　吉兵衛

西方村外九ヶ村
御名主中(66)

この史料は、八条領の麦塚村（現埼玉県越谷市川柳町など）触頭が西方村（現越谷市相模町六～七丁目など）ほか領内

の村々へ触れ出した廻状である。ここで、大貫ほか三名を勘定奉行が「御拳場之内御取締り役」に任じ、殺生人のほか、無宿者、さらに不法に猟を行っている者の取締を命じているのである。

ここに名前のある大貫次右衛門光豊と中村八太夫知剛は、馬喰町御用屋敷詰代官（大貫は、その筆頭）である。[67] 文化三年（一八〇六）以降は、この屋敷詰代官が、御用屋敷内にある鷹野役所を所管することになり、鷹狩のさいには馬喰町詰代官が鷹野役所勤務の鷹野方を引き連れて職務にあたっていた。[68] ゆえに、その職務において御拳場内の治安維持強化を命じられたものと考えられる。[69] また、この代官手附・手代による取締は、捉飼場に対しても行われていた。[70]

また、文政七年（一八二四）には、御拳場村々の村役人らが鷹野御用屋敷へ呼び寄せられ、御拳場内のうち、利根川・中川・荒川・玉川の渡船場のある村々での見回り強化が命じられた。[71] 本間清利氏は、これを「将軍の膝元江戸の防衛という軍事的な要素をはらんだ鷹場対策」[72]と位置づけている。さらに文政八年には、鳥見の下役で鷹場の管理や取締などにあたった御場肝煎を江戸廻り六筋すべてに配置する体制が確立されている。[73]

このように、文政前期に、鷹場の治安維持を職務とする役職が強化されてきていることがわかる。これまで、江戸周辺地域の治安維持機構の強化は、文化二年（一八〇五）の関東取締出役設置と、それを支える改革組合村の文政十年設置（文政改革）のみが注目されてきたが、鷹場においても、治安維持機能の強化が図られていたのである。

2　江戸の町を含めた御拳場領域への御場取締出役巡察

ここでは、文政期に行われた鷹場の治安維持機能の強化が、江戸の町方も含めて行われていることを明らかにしていきたい。

〔史料9〕

御鷹場内取締風俗等為見廻、御代官手附手代足軽差出候様此度被仰渡有之、大貫次右衛門、中村八太夫、竹垣庄蔵、林金五郎右四人之手附手代足軽為見廻罷出、殺生人召捕候得は、御月番公事方御勘定奉行衆江差出相成、御鷹場之内町方之人別之場所ニ而殺生人召捕候得ハ、其所之町役人江預置、其段右御同所江申立ニ相成候積之事(74)

〔史料9〕は、文政三年三月一日の町触である。これによれば、鷹場内風俗取締などのため、四人の代官の手附・手代・足軽が見廻ることになり、殺生人を召し捕らえたときは、月番公事方勘定奉行衆へ差し出すこととしている。そして、これが江戸町方の鷹場をも対象としていたことが、傍線部より窺える。つまり、町方人別の場所＝町並地において殺生人を捕らえた場合は、村方と異なって一度町役人で預かり、月番の勘定奉行へ報告することとしている。このように、町役人預けという処置で、町方のシステムに依拠しつつも、鷹場役人が町々を廻り、警察権を行使していることが知られるのである。

〔史料10〕

明三日朝五時平井新田出立、御拳場内為御取締見廻、悪党もの風俗不宜候もの殺生人等、見当次第踏込召捕候条、得其意、町役人見廻先江罷出差図可被受候、此廻状刻付を以早々順達、留ゟ我等見廻先江可被返候、以上

中村八太夫手附

十月二日　　広　瀬　尚　助

右ニ付洲崎弁天江可出向海辺八左衛門達(75)

〔史料10〕は、実際に同年十月に代官中村八太夫の手附広瀬尚助が、江戸御府内の見廻りを行っていることを示す町触である。このときは、平井新田（現江東区東陽二～五丁目など）を出立し、洲崎弁天（木場町の南方にあった神社、現江東区木場六丁目）へ向かっている。さらに、十月八日には、六間堀（竪川から小名木川へ通じる堀、現江東区）から

川通洲崎（吉祥寺門前一帯、現江東区）まで見回ったとしている。(76)

この史料で注目されるのは、傍線部にある通り、悪党・風俗不宜者・殺生人などについて、見当次第に召し捕らえるとし、町役人については見廻先へ出頭して指図を受けるように申し渡していることである。まさに、江戸御府内でも警察権を行使し、町役人を指揮していることが窺われるのである。

しかも、その見廻り範囲は、御府内の町奉行・代官両支配場を中心としながらも、一部墨引線を越え、洲崎弁天や六間堀など町奉行支配場も含まれている。(77)こうした地域も御拳場内ではあるが、(78)鷹場役人が町奉行の支配場まで警察権を行使していたのである。

さて、その後文政五年になると、代官の手附・手代の廻村を廃止し、以後は勘定所の鷹野方を二人ずつ廻村させることとなった。この触は、「御鷹野内町々」へも別して行き届くようにすることが記されている。(79)警備にあたる役人は変更になったが、町方を含めた一体的な取締を志向していたことがわかるであろう。

以上のことから、文政前期において、江戸町方をも含めた御拳場領域への取締強化が志向されていたと考えられる。そうすると、文政六年における浅草寺への統制強化もこの政策の一環と捉えることができよう。つまり、文政期に鷹場の治安維持機能の強化が行われ、そこでは江戸町方と在方を一体的に含むという鷹場の特性が活かされていた。江戸の町と村という枠組みを超えて、一統的に治安維持・普請統制が行われているのである。この点こそ文政期以降の鷹場に求められた役割であったと思われる。

おわりに

最後に本章で明らかになったことをまとめておきたい。

まず第一節では、浅草寺と鷹場の関係について分析し、同寺が将軍の鷹野御成のさいの御膳所・小休所であるとともに、遊興の場所でもあったこと、また浅草寺の境内についてはその一部の場所のみが鷹場になっていたのであり、領内とともに一体となって鷹場に指定されていたわけではなかったことを明らかにした。

続いて第二節では、文政六年における鳥見の統制について分析し、文政六年八月より、①境内建物の新規取建および修復・模様替、②境内の見世小屋で間口五間以上のもの、③御成前夜の出火・異変については鳥見への届出が義務づけられたことを明らかにした。つまり、浅草寺は、文政六年より従来の特権を失って、他の御拳場内の寺社と同様の普請統制を受けることになったのである。また、このときから、開帳や富興行についても鳥見に対して届出が行われることになり、こうした一連の施策は、単なる環境規制ではなく、浅草寺境内を鳥見による治安維持の範囲に組み入れるものであった。そして、境内町名主を介して行われていた鳥見と浅草寺の連絡も、文化期からは直接鳥見と寺の間で行われるようになり、両者の関係はより密接なものになっていたことを指摘した。

さらに第三節では、文政期に、代官手附・鷹野方の廻村が開始されるなど、鷹場としての統制が強化されていたことを示し、さらに多くの江戸町方も対象となっていたことを明らかにした。それは、こうした鷹場役人が、町方のシステムに依拠しながらも、江戸御府内の御拳場（町奉行支配場内にある地域も含む）を巡回し、警察権を行使していることからも明らかである。文政六年の鳥見による浅草寺への普請統制も以上のような鷹場取締強化策の一環として位置づけられることを指摘した。

このように見てくると、文政期以降の鷹場が桎梏となり、それを改革組合村などの制度で補完していったとするような評価は改められる必要がある。文政期において、鷹場は江戸を含めて統制が強化されたと見ることができ、在方のみを対象としていた改革組合村との差別化を図りつつ、その治安維持機能の発揮を求められていたというべきであろう。

こうした施策は、共同体秩序の動揺・治安の悪化に対応した文政改革の一環と捉えるのが妥当である。そうした中で、江戸という都市と周辺農村の一体的な統制による、環境整備・治安維持を行うところに、文政期以降の鷹場の大きな役割があったことを述べて、本章の結びとしたい。

註

(1) 大石学「享保期における鷹場制度の再編・強化とその意義」(『史海』二三・二四合併号、一九七七年。のち改稿して『享保改革の地域政策』〈吉川弘文館、一九九六年〉に収録)、村上直・根崎光男『鷹場史料の読み方・調べ方』(雄山閣出版、一九八五年)一〇〇〜一〇二・一〇九〜一二七頁。

(2) 宮坂新「幕府屋敷改による百姓商売家の把握と規制―将軍家鷹場鳥見との関係に注目して―」(『地方史研究』三五一、二〇一一年)、同「江戸廻り地域の変容と天保改革」(『日本歴史』七五八、二〇一一年)。

(3) 改革組合村の取締機能について論じた主な研究を挙げると次のようになる。森安彦「幕藩制社会の動揺と農村支配の変貌―関東における化政期の取締改革を中心に―」(東京教育大学昭史会編『日本歴史論究』二宮書店、一九六三年。のちに、同『幕藩制国家の基礎構造―村落構造の展開と農民闘争―』〈吉川弘文館、一九八一年〉に収録)、宮沢孝至「江戸周辺農村の取締構造―『寄場圏預』制を中心に―」(『地方史研究』二二四、一九九〇年)、桜井昭男「関東取締出役と改革組合村」(藤田覚編『幕藩制改革の展開』山川出版社、二〇〇一年)、吉岡孝「近世後期関東における長脇差禁令と文政改革―改革組合村は治安警察機構に非ず―」(『史潮』新四三、一九九八年)など。

（4）前掲註（3）森「幕藩制社会の動揺と農村支配の変貌」。
（5）北島正元「化政期の政治と民衆」（『岩波講座　日本歴史』近世四、一九六三年。のちに、同『近世の民衆と都市―幕藩制国家の構造―』〈名著出版、一九八四年〉に収録）。
（6）『調布市史』中巻、五二〇頁。
（7）本間清利『御鷹場』（埼玉新聞社、一九八一年）二一七頁。
（8）増田節子「幕末・維新期の東叡山領組合―寄場組合・鷹場組合との関連で―」（『論集きんせい』六、一九八一年）。
（9）宮坂新「将軍家鷹場鳥見による農間余業の把握と統制」（『中央史学』二八、二〇〇五年）。
（10）根崎光男『将軍の鷹狩り』（同成社、江戸時代史叢書三、一九九九年）一四八頁。
（11）関東取締出役の活動も、町奉行管轄下の江戸では封じられていた（前掲註（3）森『幕藩制国家の基礎構造』三〇七頁）。
（12）『新修　港区史』三八九頁には「改革組合村に所属したのは、町並地、抱屋敷を除外した〝純粋な在方分〟のみであったことになる。この町並地の除外は、町奉行所と改革組合（関東取締出役）とで治安維持の任にあたる地域・地区を分担するという基本的原則があったことをうかがわせる」とある。改革組合村と江戸との関係は複雑ではあるが、町方がそれに含まれていないことをここでは、確認しておきたい。
（13）なお、文政期の鷹場については、鷹野役の賦課地域拡大によって引き起こされた争論の検討が行われている（青木直己「江戸廻りにおける鷹野支配と『領』―文政期府中領御鷹野御用一件を通して―」〈『立正史学』五八、一九八五年〉、太田尚宏「近世後期江戸北郊地域における鷹野役負担―戸田領・岩淵領『御鷹野御用人足一件』とその影響―」〈『文化財研究紀要』八、東京都北区教育委員会、一九九五年〉）。しかし、このような役賦課拡大をなぜ行っていったのかなど、文政期における幕府の鷹場政策の詳細については不明である。鷹場の治安維持機能の特質性を探ることは、こうした争論の意味を探る上でも有効であると思われる。
（14）菅野洋介「近世中後期における在地寺社の秩序化と社会動向―紀州鷹場・開発の影響をめぐって―」（『関東近世史研究』六九、二〇一〇年）。
（15）竹内誠「浅草寺境内における『聖』と『俗』―天明の餌鳥殺生一件と寛政の乞胸一件―」（『史海』四〇、一九九三年。のちに、同『寛政改革の研究』〈吉川弘文館、二〇〇九年〉に収録）。
（16）小沢詠美子「金龍山浅草寺における火災対応について」（『関東近世史研究』五二、二〇〇三年）。

(17) 武部愛子「浅草寺末門寺院と江戸の周縁」(高澤紀恵、アラン・ティレ、吉田伸之編『別冊 都市史研究 パリと江戸 伝統都市の比較史へ』山川出版社、二〇〇九年)。
(18) 以下の浅草寺の説明については、浅草寺日並記研究会「解題」(『浅草寺日記』一、六六三~六七三頁)および吉田伸之「巨大城下町――江戸」(『岩波講座 日本通史』一五、近世五、一九九五年。のちに、同『巨大城下町江戸の分節構造』〈山川出版社、二〇〇〇年〉に収録)による。
(19) 『浅草寺日記』は江戸時代中期の寛保四年(一七四四)から幕末の慶応三年(一八六七)までの分が残存する。浅草寺日並記研究会によって史料の翻刻が進められており、平成二十四年一月現在で第一巻から第三一巻まで(寛保四年から文久二年〈一八六二〉まで)が発行(金龍山浅草寺)されている。
(20) 「御場御用留」一(国立公文書館所蔵)。
(21) 竹内誠『江戸の盛り場・考――浅草・両国の聖と俗』(教育出版、二〇〇〇年)九九頁。
(22) 『浅草寺日記』二、四二頁。
(23) 『浅草寺日記』三、四四五~四四六頁。
(24) 『浅草寺日記』一、二九五頁。
(25) 首都大学東京図書館所蔵。
(26) 国立公文書館所蔵。
(27) 『浅草寺日記』二三、三四二~三四三頁。
(28) 網野宥俊編『浅草寺志』上巻(浅草寺出版部、一九三九年)、四五二頁。中谷の説明について、「俗に中田と呼ふは、あやまり也」、「按するに、随身門より東大川への通寺町を今中田とよふ。是は中谷といふべきを、いつの比よりか、里言に中田と訛来ぬらん」としている。
(29) 前掲註(21)竹内誠『江戸の盛り場・考』六四頁。
(30) 『浅草寺日記』二六、五四五頁。
(31) 最終的に浅草寺のどこまでが鷹場に入り、どこからが鷹場でなかったのか、その全貌・詳細は明らかでない。
(32) 所理喜夫「門前町の支配」(浅草寺日並記研究会編『江戸浅草を語る』東京美術、一九九〇年)。

(33) 吉原健一郎「浅草寺と町」（前掲註(32)『江戸浅草を語る』）。
(34) 『浅草寺日記』六、五二五〜五二七頁。
(35) 前掲註(10)根崎『将軍の鷹狩り』一四六〜一四七頁。
(36) ただし、あとの第二節で明らかになるように、この馬道町名主は山名主として、宝暦期において、鳥見と浅草寺の中継役を果たしており、完全に鷹場の領域から除外されているわけではない。
(37) 『浅草寺日記』一、一一六頁。
(38) 前掲註(1)村上・根崎『鷹場史料の読み方・調べ方』一〇一頁。
(39) 『浅草寺日記』二、一一一頁。
(40) 『浅草寺日記』二、三一三〜三一四頁。
(41) 『浅草寺日記』三、二八頁。
(42) 『浅草寺日記』一〇、三五二頁。
(43) 天明八年八月の御成跡一日開帳の達は、御場掛小野備前守・村上志摩守―鳥見西三郎兵衛のルートを通じて、浅草寺へ伝えられている（『浅草寺日記』六、三九頁）。なお、御場掛とは、「御場御用掛」若年寄の指揮の下で、鷹狩御成に関わる様々な職務（法令伝達や鳥見の指揮など）を行っていた役人である（太田尚宏「享保改革期における『御場掛』の活動と植樹政策」〈竹内誠編『近世都市江戸の構造』三省堂、一九九七年〉）。
(44) 『浅草寺日記』一二、三六三頁。
(45) 文化二年、御成開帳について側衆の意を鳥見が浅草寺へ伝えている（『浅草寺日記』一〇、五八二〜五八五頁）。
(46) 文化十四年三月二十三日、裏山境内にある「樹ノこぶ」を、ある奥向衆が所望している旨、鳥見が浅草寺へ伝えている（『浅草寺日記』一三、四一二頁）。
(47) 『浅草寺日記』においても、文政六年までは、鳥見に対する届出の記述は見えない。
(48) 前掲註(21)竹内『江戸の盛り場・考』八三頁、金行信輔「幕府寺社奉行所における建築認可システムの史料学的検討」（高木俊輔・渡辺浩一編『日本近世史料学研究――史料空間論への旅立ち』北海道大学図書刊行会、二〇〇〇年）九九頁。
(49) 『浅草寺日記』一五、一二〇〜一二二頁。

(50) この先例とは、文化十三年十一月、浅草寺観世音信心連中の頭取たちが、雷神門より本堂の道作りと敷石の奉納を願い出たときのものと思われる。そのさい、寺側は、そこは御成御場所であるので、寺社奉行の許可を得て、道作りを申し付けている（『浅草寺日記』一三、一九〇～一九一・三六五～三六六頁）。ただし、この件で浅草寺代官が鳥見に届けたとする記事は、文化十三年十一月～文化十四年一月の別当代・役者・御納戸の日記（『浅草寺日記』一三、一八三～二〇二・二七九～三二六・三六四～三七三・五四六～五五五・七〇六～七一二頁）に見えず、事実として確認できない。

(51) 『浅草寺日記』一五、一二一～一二二頁。

(52) 『浅草寺日記』一五、一二二～一二三頁。

(53) 『浅草寺日記』一五、一二八～一二九頁。

(54) なお、先に記したように、馬道町は境内町であって、鷹場ではないにも関わらず、宝暦期より鳥見と浅草寺の間の連絡役を果していた。文化十四年（一八一七）正月三日には、南馬道町名主の喜左衛門が、鳥見の下役である「野羽織」に任命されている（『町方書上』九三、旧幕府引継書、国立国会図書館所蔵）。これは、「御場御用」出精のためとあるが、こうした連絡役としての役割が評価され、また重要視されていたことの証左であると思われる。

(55) 前掲註(48)。なお、天保十三年（一八四二）以降は、修復も含めてすべての建築について寺社奉行へ届を提出することになった（前掲註(48)金行信輔「幕府寺社奉行所における建築認可システムの史料学的検討」一〇二頁）。

(56) 前掲註(16)小沢「金龍山浅草寺における火災対応について」二八頁。

(57) 前掲註(1)村上・根崎『鷹場史料の読み方・調べ方』一一五・一二七頁。

(58) 滝口正哉「富突にみる江戸の興行空間―浅草寺の富をめぐって―」（竹内誠編『徳川幕府と巨大都市江戸』東京堂出版、二〇〇三年。加筆・補訂して、同『江戸の社会と御免富―富くじ・寺社・庶民―』〈岩田書院、二〇〇九年〉に収録）。

(59) 『浅草寺日記』一五、一二二頁。

(60) 『浅草寺日記』一六、一九五頁など。なお、小沢詠美子氏は、「御場掛り御役人中様」を御場掛と解釈しているが（前掲註(16)小沢「金龍山浅草寺における火災対応について」二七頁）、たとえば、役者の記録の文政八年九月二十四日条に「右御場掛吉田金次郎殿宅江差出候、尤穴八幡宮幷木下川突場所願書之写相添差出候事、吉田金次郎者御鳥見筆頭也」（『浅草寺日記』一六、二二二頁）とあり、日記中にある「御場掛御役人」は、鳥見と解釈するべきである。

(61)安政六年十月に、仁王門の修復が済み開扉したことを役者より鳥見へ届け出ている（『浅草寺日記』二八、六九一〜六九二頁）。
(62)鳥見寄合とは、鷹場の維持管理や鷹狩実施にあたって、現場の責任者である鳥見と、周辺村町名主や御膳所寺院とによって行われる会合のことをいう。
(63)『浅草寺日記』一六、二〇〇頁。
(64)光井渉「近世中期以降における都市内寺院境内の変容」（都市史研究会編『年報　都市史研究』四、山川出版社、一九九六年。のちに改題して同『近世寺社境内とその建築』〈中央公論美術出版、二〇〇一年〉に収録）。なお、以下の浅草寺境内借地化についての記述は同論文による。
(65)前掲註(7)本間『御鷹場』二二八〜二二九頁。前掲註(1)村上・根崎『鷹場史料の読み方・調べ方』七八頁。
(66)『越谷市史』三、七二三頁。
(67)西沢淳男『江戸幕府代官履歴辞典』（岩田書院、二〇〇一年）一二七・三九九頁。なお、竹垣庄蔵直清は関東代官（真岡陣屋）、林金五郎政幸は江戸在府の関東代官であった（同、三三五・四四一頁）。
(68)西沢淳男『代官の日常生活』（講談社、講談社選書メチエ、二〇〇四年）一六一頁。
(69)ただし、屋敷詰代官でない、竹垣・林の両代官が任命された意図については不明である。今後の課題としたい。
(70)前掲註(7)本間『御鷹場』二二九〜二三〇頁。
(71)前掲註(7)本間『御鷹場』二三〇〜二三一頁。
(72)前掲註(7)本間『御鷹場』二三一頁。
(73)中野村名主堀江家文書（首都大学東京図書館所蔵）F四一八〜四二〇。
(74)近世史料研究会編『江戸町触集成』一二（塙書房、一九九九年）、一三頁、一一八五九史料。
(75)前掲註(74)『江戸町触集成』一二、五二頁、一一九七一史料。
(76)前掲註(74)『江戸町触集成』一二、五三頁、一一九七四史料。
(77)児玉幸多監修、吉原健一郎・俵元昭・中川恵司編集・制作『復元・江戸情報地図』（朝日新聞社、一九九四年）六八〜七〇頁。
(78)前掲註(26)「江戸御場絵図」。
(79)前掲註(74)『江戸町触集成』一二、一二三頁、一二一一四史料。

第二部　鷹場制度と差別化機能

第一章　鷹場旅宿負担と地域

はじめに

本章では、旅宿負担を中心に、鷹野役そのものの地域レベルでの賦課形態・形成過程を分析することを通して、鷹場制度と地域の一体化・同質化について再検討を行う。それによって大石学氏の均質化論に反論を試みることを目的とする。

鷹野役の個別性については、とくに鷹場役人の宿泊費用の検討が欠如している。従来の研究では、①鷹場人足の負担（御成御場所や道筋整備などの人足役）、②鷹場役人の宿泊費用（御成時などの鷹場役人の宿泊費用。以下、旅宿負担と略称）、③江戸城上納物（江戸城内で栽培する野菜類の種物、草木類、慰みものとしての虫類など）の三種類が鷹野役と捉えられてきた。これまでも、上納役と御用人足役の賦課系統を検討した桑原巧一氏の研究(1)があるが、旅宿負担を含めた検討はなされていない。また、享保期の三つの役の形成過程を個別的に分析した太田尚宏氏の研究(2)でも、享保期以降については明らかにされていない。

そこで、具体的には、まず第一節において、これまで実態が明らかにされてこなかった世田谷領を事例として、村にかかってくる旅宿負担について分析する。その中で、この負担が、御用人足役などとは異なり、複雑な賦課の枠組みを持っていたことを明らかにする。次に第二節において、江戸町方にかかってくる旅宿負担としての御鷹御用宿について明らかにし、その上で、村と町の二つの旅宿負担がかかってくる江戸周縁地域の役負担体制について見てゆき、鷹場による一体化の論理が同地域においては貫徹しえないことを明らかにしたい。

一　御場所と旅宿負担

1　鷹野役賦課方式の実態

a世田谷領の概要

はじめに分析対象となる世田谷領の概要について明らかにする。世田谷領は、武蔵国の中にあり、現在の世田谷区を中心として目黒区・狛江市・調布市・府中市の一部にまたがる地域である。北から西にかけては野方領、南は玉川を隔てて稲毛領、東は馬込領、一部東南の隅は六郷領に接していた(3)。村数は、『新編武蔵国風土記稿』によれば六〇ヶ村（表7、8）で、ほぼ半数ずつ荏原郡と多摩郡に属している。支配は、他の江戸近郊地域と同様、複雑に入り組んでいた。全石高の五七％に達する天領のほか、彦根藩の飛地領、旗本領、増上寺領などの寺社領も多く存在した。

鳥見の支配管轄である「筋」においては、目黒筋に属した。しか

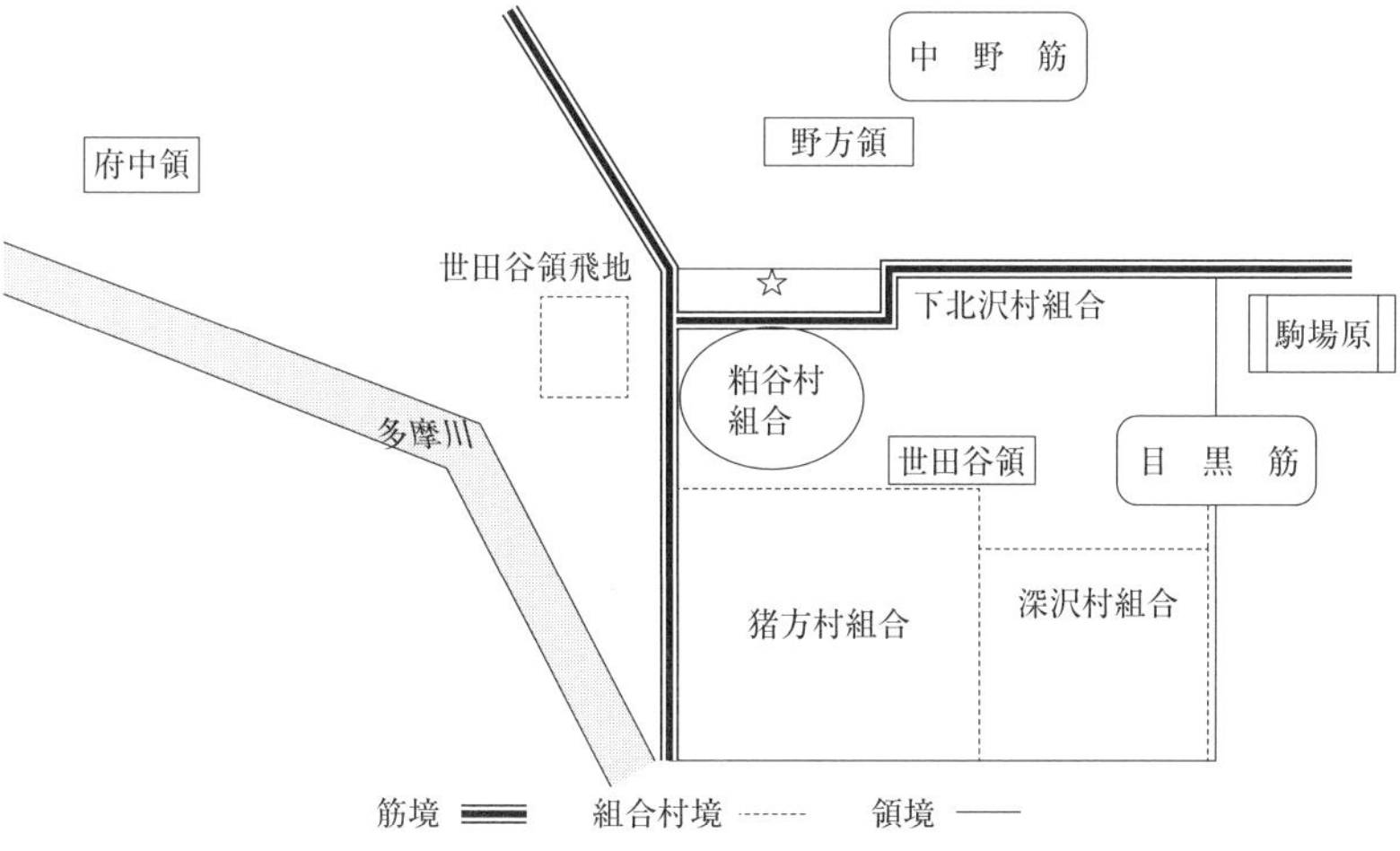

図2　世田谷領概念図

表7　荏原郡世田谷領村々（31ヶ村）

村　名	村高(石)	天領分(石)	支　　配
世田ヶ谷村	475.813		彦根藩領，寺社領3
弦巻村	143.631		彦根藩領，寺社領
経堂在家村	305.645	305.645	天領
用賀村	171.154		彦根藩領
瀬田村	354.66		彦根藩領
上野毛村	55.063		彦根藩領
下野毛村	185.145	14.658	彦根藩領，天領
野良田村	78.067		彦根藩領
等々力村	570.225		旗本領1，寺社領2
小山村	52.459		彦根藩領
上沼部村	83.28198	48.31798	天領，旗本領1
下沼部村	852.702	852.702	天領
石川村	76.135	76.135	天領
奥沢本村	55		旗本領1
奥沢村	407.581	407.581	天領
衾村	407.192		寺社領2
深沢村	446.069	446.069	天領
野沢村	137.429	137.429	天領
上馬引沢村	441.9574		旗本領1
中馬引沢村	39.5		旗本領2
下馬引沢村	225.535		旗本領，彦根藩領
池尻村	41.774	41.774	天領
池沢村	112.408	112.408	天領
三宿村	90.957	90.957	天領
太子堂村	38.5	35	天領，旗本領1，彦根藩領
若林村	187.76		旗本領1
代田村	533.738	533.738	天領
上北沢村	430.531		寺社領1
下北沢村	310.0531	310.0531	天領
松原村	347.787	347.787	天領
赤堤村	230.325	230.325	天領
荏原郡合計	7,888.07748	3,990.57908	

し、図2の「世田谷領概念図」をみればわかる通り、領の境が筋の境に一致しておらず上北沢村外五ヶ村が中野筋に属している。☆印の付いている部分がそこにあたる。また、世田谷領は、御拳場の範囲では西のはずれに位置し、筋境を挟んで府中領と対峙している。府中領は一部が尾張家の鷹場であり、大部分は、幕府の捉飼場となっているが、世田谷領の一部は、この府中領の中に飛地となって存在している。他筋・御場外の村を含む点が世田谷領の特徴の一

つである。

世田谷領における将軍の御成御場所は、駒場原と玉川魚猟御場所の二ヶ所があった。

表8　多摩郡世田谷領村々（29ヶ村）

村　　名	村高(石)	天領分(石)	支　　　　配
野川村	200.286	200.286	天領
野崎村	139.111	139.111	天領
大沢村	421.479	421.479	天領
上飛田給村	329.841	329.841	天領
下飛田給村	184.62	184.62	天領
押立村	440.594	440.594	天領
小足立村	155.22405	75.6079	天領，伊賀者給知
北野村	212.576	212.576	天領
給田村	226.345	171.745	天領，旗本領2
烏山村	1,078.5239	987.3999	天領，旗本領3
上祖師ヶ谷村	334.656	334.656	天領
下祖師ヶ谷村	385.851	385.851	天領
廻り沢村	246.482	246.482	天領
粕谷村	85.844	85.844	天領
八幡山村	3.262		彦根藩領
横根村	15.892		旗本領1，彦根藩領
船橋村	140.263	140.263	天領
入間村	337.696		旗本領3
覚東村	40.112	40.112	天領
和泉村	436.53733	73.3881	天領，旗本領2，彦根藩領，寺社領
猪方村	68.27		彦根藩領
上野村	39.12391		旗本領2
岩戸村	156.755		彦根藩領
駒井村	77.603	77.603	天領
喜多見村	762.61	140.215	天領，旗本領1，寺社領4
宇奈根村	169.841		彦根藩領
大蔵村	276.674		旗本領1，彦根藩領
岡本村	217.238		彦根藩領
鎌田村	93.339		彦根藩領
多摩郡合計	7,276.64919	4,687.674	
世田谷領総計	15,164.7267	8,678.253	

註　表7，8共に村名は『新編武蔵国風土記稿』（文献出版），支配・石高は『旧高旧領取調帳（関東編）』（近藤出版社）によった。

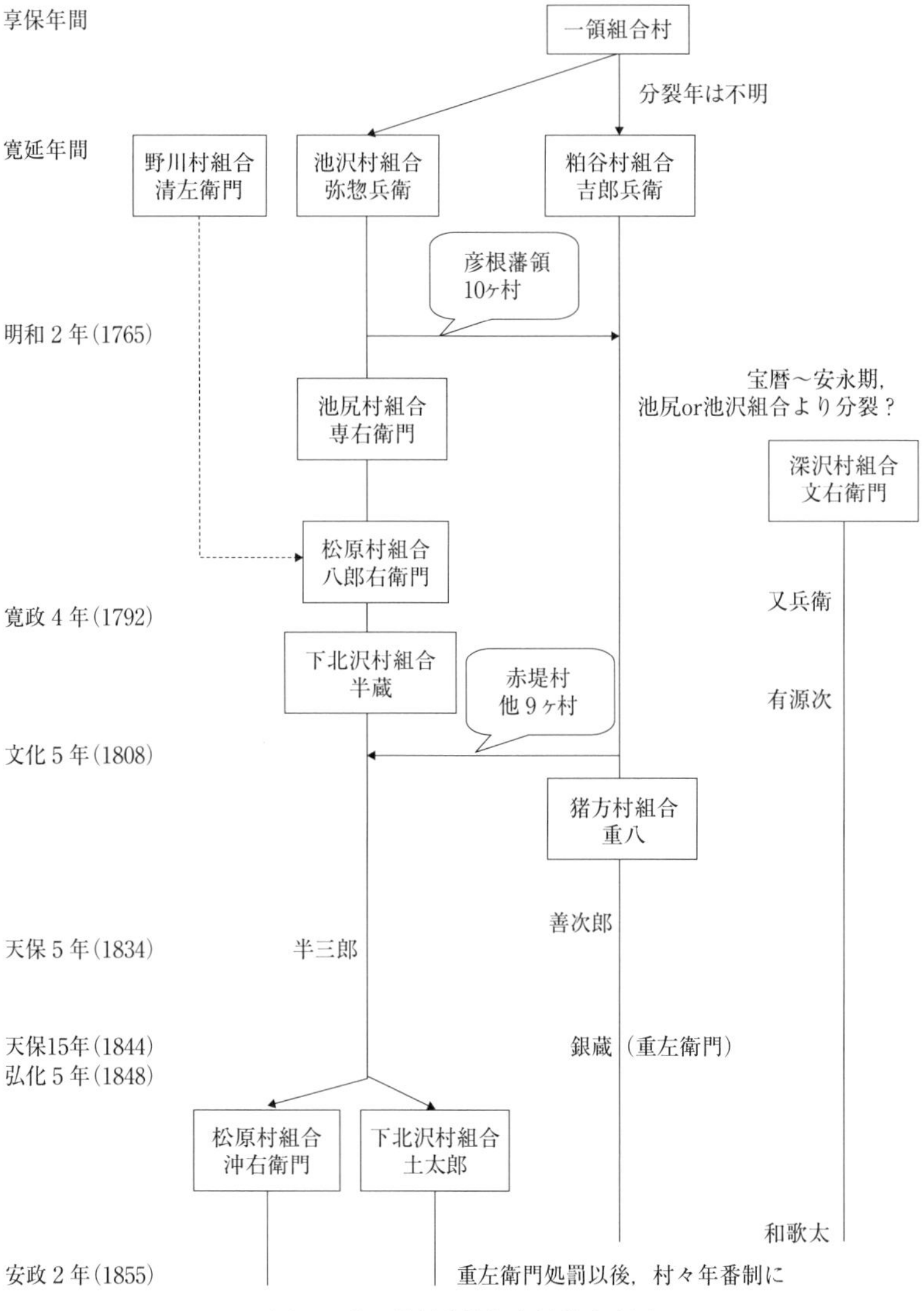

図３　世田谷領鷹場組合村構成変遷図

註　人名は，触次名。

井伊掃部頭領分武州世田谷領：世田谷村・弦巻村・用賀村・野良田村・尾山村・下野毛村・上野毛村・瀬田村・馬引沢村・太子堂村の10ヶ村。

赤堤村ほか９ヶ村：粕谷村・廻り沢村・上祖師谷村・下祖師谷村・船橋村・烏山村・給田村・経堂在家村，もう１ヶ村については不明。

表９～11の各史料および『世田谷区史料叢書』第１～８巻，『大田区史　資料編』北川家文書１，森家文書Ｅ―２―16 弘化５年「御用留」より作成。

表９　世田谷領組合村構成（１）（寛延期）

組合村名	村　　　　名
池沢村触次弥惣兵衛	池沢，下馬引沢，野沢，上馬引沢，衾，世田谷，弦巻，用賀，瀬田，上野毛，下野毛，野ら田，等々力，深沢，尾山，上沼部，奥沢新田，下沼部，石川，奥沢本，上北沢，若林，池尻
赤堤村忠蔵	赤堤，松原，経堂在家
粕谷村触次吉郎兵衛	粕谷，和泉，入間，猪方，廻り沢，小足立，覚東，大沢，私領喜多見，□蔵，宇奈根，御料喜多見，岩戸，駒井，烏山，給田，上祖師ヶ谷，下祖師ヶ谷，古船橋，新船橋，鎌田
野川村触次清左衛門	野川，深大寺，北野，野崎，上飛田給，下飛田給，押立

註　O51 寛延２年10月「駒ヶ原芝苅人足村分ヶ仕上帳」，O62 寛延２年12月「①小目録（鶉番人足），②巳年駒場原鶉御場拵人足小目録帳」，O66 寛延３年５月「巳年駒ヶ原鶉御場所拵御用人足仕上ヶ小目録」（いずれも佐野家文書）より作成。

表10　世田谷領組合村構成（２）（寛政４年）

組合村名	村　　　　名
松原村組合（触次半蔵）〈4,053石７斗６舛〉	松原，代田，下北沢，太子堂，池沢，三宿，池尻，野沢，若林，下馬引沢，上馬引沢，中馬引沢，上北沢 以下，府中領上仙川村触次清右衛門方より預り 北野，野川，野崎，深大寺，下飛田給，上飛田給，押立
深沢村組合（触次又兵衛）〈2,577石３斗１舛〉	下沼部，奥沢，大川，深沢，上沼部，衾，奥沢本，等々力
粕谷村組合（触次吉郎兵衛）〈7,081石４斗６舛６合〉	粕谷，廻り沢，上祖師ヶ谷，下祖師ヶ谷，船橋，駒井，喜多見，覚東，大沢，烏山，給田，経堂在家，小足立，和泉，上野，横根，喜多見（安藤八郎右衛門知行所），八幡山，猪方，岩戸，宇奈根，鎌田，大蔵，岡本，瀬田，下野毛，尾山，野良田，用賀，弦巻，世田ヶ谷，入間

註　（寛政４年）閏２月「御用留」（『葛飾区古文書史料集』３　中茎家文書１）より作成。

表11　世田谷領組合村構成（3）（天保期）

組合村名	村名
下北沢村組合29村	
（駒場原最寄り12）	下北沢，松原，代田，太子堂，池沢，三宿，池尻，野沢，若林，下馬引沢，上馬引沢，中馬引沢
（粕谷村組合7）	粕谷，廻り沢，船橋，上祖師ヶ谷，下祖師ヶ谷，赤堤，経堂在家
（中野筋村々6）	烏山，給田，北野，野川，野嶋，上北沢
（府中領内飛地4）	深大寺（幕領分），上飛田給，下飛田給，押立
猪方村組合24村	猪方，駒井，岩戸，和泉，上野，覚東，小足立，入間，八幡山，喜多見，宇奈根，大蔵，横根，岡本，鎌田，瀬田，上野毛，野良田，尾山，用賀，弦巻，世田ヶ谷，新町村，下野毛
（府中領内飛地1）	大沢
深沢村組合8村	深沢，等々力，上沼部，下沼部，石川，奥沢本，奥沢，衾

註　森家文書E—2—13 天保15年正月「御用留」，田中家文書A—7—25 天保12年11月19日「八月廿七日右大将様玉川筋瀬田村河原江被為成候一条割合」，「去々酉年中御用人足御扶持米村訳小目録帳」（『大田区史　資料編』北川家文書1，265頁）より作成。

駒場原（駒場野）は、約一六万坪の面積をもつ広大な原野であり、現在の東京大学の駒場キャンパス一帯にあたる。目黒筋の中にあり、在宅鳥見の役所も最寄りの上目黒村にあった。享保期の放鷹制再開以降、目黒筋方面の鷹場として最も利用された。狩猟の種類も吉宗以降、放鷹・追鳥狩・猪狩といろいろな種類に分化し、近世後期には、駒場原の狩は冬の年中行事と化していた(4)。

玉川御場所は瀬田村先の多摩川沿岸部である。ここへの将軍御成は恒常的なものではなく、臨時に行われる御成であった。多摩川に船を浮かべて乗船し、漁夫らが網を用いて魚を捕るのを見物する行事である。鵜飼いなども、ここ多摩川では行われており、それらも合わせて見物したという。

以上のような将軍家の鷹場のほか、世田谷領の多くの村は、御三卿清水家の御借場にも設定されていた。宝暦十三年に設定され、家政上の理由からいったん寛政元年（一七八九）に廃止されたが、天保五年（一八三四）に再置されている(5)。

次に、世田谷領の鷹場組合村の変遷についてまとめる。図3、表9～11は、享保から幕末までの組合村構成の変遷をまとめたものである。その特徴を二点挙げる。

一つは、太子堂村（一石）を除く、彦根藩領一八ヶ村は明和期以降まとまって一つの鷹場組合村を構成していたということである。とくに文化期に成立した猪方村組合は、大半が彦根藩領の村で占められていた。触次を務める村も、村高は多くないが彦根藩単独支配の猪方村に移っているので、まさしく支配領主である彦根藩を中心としてまとまった組合であると言えよう。

二つめは、他筋・御場外の村々が移動を繰り返していることである。文化期に移った村のうち、烏山村と給田村は中野筋の村であり、下北沢村組合にゆくことで同筋の他の村々と合流を果たしたということである。一方、府中領内に飛地領五ヶ村があり、大沢村は他四ヶ村と別組合に属している状況が継続している。

b 御用人足

では、具体的な負担の領内への割当てについて分析してゆきたい。はじめに御用人足について見てゆく。

表12は、天保八年（一八三七）八月から同九年七月までの駒場原御場所拵人足数をまとめたものである(6)。ここには、すべての世田谷領の村が名を連ねている。注目すべきは、筋を越えた中野筋の村々や、距離的にもかなり遠い府中領内飛地の村々が含まれていることである。駒場原から遠方にある大沢村も三九人を負担しているところから、差異をつけているような感じは見られない。また、こうした全領負担の体制は寛延期にはすでに成立していた。先の表9によればこの時期には、世田谷領の御場外の村々は野川村が触次を務める組合村に属していたことが確認されるが、寛延二年（一七四九）十月の「駒ヶ原芝苅人足村分ヶ仕上帳」(7)によれば、すでに駒場原の御場拵人足を務めていたことが知られるのである。さらに中野筋に属する烏山・給田村、御場外の大沢村、そして増上寺領の村々も、他の世田谷領の村々とともに、駒場原の御用人足を務めていたことがわかる(8)。

表12　世田谷領の駒場原御場所拵人足数（天保8年8月〜同9年7月）

村　　名	人足数(人)	村　　名	人足数(人)
下沼部村	36	上馬引沢村	15
上沼部村	8	若林村	16
奥沢村	35	中馬引沢村	2
深沢村	23	太子堂村	2
等々力村	26	下馬引沢村	9
石川村	8	野沢村	10
奥沢本村	6	下北沢村	15
衾　村	23	喜多見村	5
三宿村	6	岩戸村	9
池尻村	4	和泉村	9
池沢村	9	駒井村	7
北野村	9	宇奈根村	4
野川村	7	大蔵村	14
野崎村	3	岡本村	6
深大寺村	13	鎌田村	8
下飛田村	6	瀬田村	5
上飛田村	10	上野毛村	5
押立村	7	下野毛村	13
赤堤村	22	上野村	4
上北沢村	15	覚東村	7
烏山村	36	小足立村	17
給田村	5	入間村	28
粕谷村	5	大沢村	39
上祖師ヶ谷村	21	尾山村	4
下祖師ヶ谷村	8	のら田村	6
同村才料平右衛門	64	用賀村	17
廻り沢村	20	弦巻村	10
船橋村	11	世田ヶ谷村	24
経堂在家村	25	いの方	3
代田村	46		
松原村	25	合　　計	855

註　『大田区史』中巻223頁の表36を一部分変更し，転載した。

御場外の村の一つである押立村の村入用帳には、現存する最も古い宝暦三年（一七五三）のものに「駒ヶ原草刈人足御成御道具持返し虫類持送り人足賃」として四貫二〇〇文が計上されており、以後「御場所拵才料給」という形で幕末期まで継続して計上されている(9)。

ここから、御用人足は、まさしく中・後期を通じ、筋違や御場外という枠組み、また増上寺領の枠を超えて世田谷領の完全な領中役として機能していたことがわかった(10)。世田谷領のもう一つの御場所である玉川御場所においても、同様に領中一体の負担を請け負っていたのであるが、この部分については、次の旅宿負担の節で合わせて説明する。

c 旅宿負担

表13は、天保十年（一八三九）、徳川家慶・家定父子の駒場原御成のさいの旅宿負担（水夫人足賃銭）割合を示したものである。

これを見ると、駒場原に関わる旅宿負担は、御用人足と異なり、「領」ではなく下北沢村を中心とする駒場原最寄り一二ヶ村で賄われてきたことがわかる。この村々は下北沢村組合に所属するが、中野筋に属するものも含めてその他の組合村々は負担をしていない。割当ては高割である。以後、一二ヶ村の一つである太子堂村の御用留でも、同様の枠組みで、駒場原の旅宿負担を請け負っていることが確認できる。(11)

次に、駒場原の御用人足を務めていることが確認された御場外の押立村の旅宿負担について見てみる。天保四年（一八三三）十月「御鷹方水夫賄通　府中宿押立分」によれば、御鷹方・鷹匠の来村に対して、周辺の府中宿・布田宿・国領宿・是政村といった捉飼場村々へ水夫賄を行っていることが確認される。(12)一方で、駒場原関係の旅宿負担を銭納にて負担しているものは見えない。

以上、世田谷領の負担の中で大きなウエイトを占める駒場原の負担について、その割り当てられる範囲を見てきた。御用人足は、全領に分け隔てなく振り分けられていたが、御成のさいの旅宿負担は、駒場原最寄りの一二ヶ村のみに

表13　将軍・右大将御成のさいの旅宿水夫賃銭の負担割合（天保10年）

村　名	負担額(貫)
太子堂村	0.406
三宿村	1.053
池尻村	0.446
池沢村	1.231
中馬引沢村	0.406
野沢村	1.590
上馬引沢村	2.150
若林村	1.613
代田村	6.186
松原村	4.032
下北沢村	3.592
合　計	22.705

註　割当て＝高100石につき長銭1貫178文7分。
森家文書Ａ－6－7
天保10年11月21日「公方様右大将様御成諸向御旅宿水夫割合帳」より作成。

割り当てられていたことが明らかになった。

さて、こうした御用人足と旅宿負担の賦課の違いが最もよく表れるのが、玉川御場所における負担割合である。

〔史料1〕

（前略）

天保十二丑年八月廿七日

右大将様瀬田村川原玉川筋魚猟　御成被為入候諸向御用掛り入用領中割合写左之通り懸り高割合之事

覚

（略　御用人足負担明細）

御場所拵

合人足弐百拾六人

御道筋手直し

合人足七拾六人

御膳御道具持返し道玄坂迄

合人足八拾七人

御賦御道具持返シ馬喰町迄幷御当日御

茶所働其外御用人足共

合百四拾壱人

右同断増分

合六拾四人
右五口
惣〆五百八拾四人
此賃銭百弐貫弐百文但壱人百七拾弐文ツヽ
外弐貫八百七拾弐文御用状持出し候
二口〆百五貫七拾弐文…(Ⅰ)
内
拾貫六百七拾弐文
御場所拵御賦人足当組合
勤分
下北沢深沢両組ゟ請取候
分引之
五貫九百四拾八文
御道筋手直シ人足当組□
勤之分
右同断両組ゟ受取候分
引之
二口〆拾六貫六百弐拾四文…(Ⅱ)

指引
残八拾八貫四百四拾八文…(Ⅲ)
此調銭八拾四貫九百拾弐文
高四千五拾石江割
　高百石ニ付
　　丁銭弐貫九拾六文五分
　　　　　　　三り当
高三百弐拾参石
一銭七貫五拾三文　　大沢村…(Ⅳ)
　内四貫五百四拾八文人足勤分引
残弐貫五百五文出方
又差引
残八拾壱貫三百九拾壱文
(略　旅宿負担明細)
〆弐百弐拾四貫百四拾弐文…(Ⅴ)
右二口
惣〆三百五貫五百六拾七文…(Ⅵ)
　此調銭

弐百九拾三貫三百壱拾七文
高三千七百弐拾七石江割
高百石ニ付
丁銭七貫八百七拾文当…（Ⅶ）
此割
（以下、二三ヶ村略）[13]

〔史料1〕は、天保十二年（一八四一）徳川家定御成のさいの猪方村組合の諸負担の帳簿である。

これによれば、御場所拵人足・御道筋手直し人足・御道具持返人足など、御用人足計五八四人の賃銭と御用状を廻すのにかかった費用の合計は、一〇五貫七二文（Ⅰ）である。そのうち一六貫六二四文（Ⅱ）について下北沢・深沢の両組が負担している。それを差し引いた八八貫四四八文（Ⅲ）について、猪方村組合総高四五〇〇石で割っている。そして、世田谷領でありながら御場外である大沢村の負担（Ⅳ）をまず計上している。その後で、旅宿・水夫人足賃銭の総費用二二四貫一四二文（Ⅴ）を計算し、先ほどの大沢村分を差し引いた残りの御用人足賃銭を足して三〇五貫五六七文（Ⅵ）（調銭二九三貫三一七文）を、大沢村を除く猪方村組合二三ヶ村三七二七石で割っている（Ⅶ）。

このような、複雑な配分方法は、天保十二年に限ったことではない。それは、天保十三年（一八四二）の負担分配を記した史料でも確認される。同年八月八日の徳川家定の御成において、御場拵人足については、昨年と同じく「領中平均勘定」すべきこととされ、一方で旅宿負担については、額を調べた上で「相談割合」することとしている[14]。

以上、猪方村組合内では、御場所拵ほかの御用人足負担と旅宿負担を別々に計上し、御用人足については下北沢・深沢両組が、一部分を負担していた。そして、猪方村組合の中で唯一御場外にある大沢村も、御用人足の割当ては受けるが、旅宿負担については免除されているのである。

また、下北沢村組合においても、天保十五年（一八四四）に玉川御成のさいの「御場拵人足、御賦御用人足共」を前々の割合をもって務めることを、下北沢村組合内の他筋・御場外を含む全村に触れ廻していることから、御用人足については、組合村々すべてに割り当てていた(15)。

ここから、御用人足については筋の境界を越え、他筋・御場外の村も含めた全世田谷領で負担されていたことがわかる。一方で、旅宿負担については、組合限りに負担が徴収され、しかも御場外の村は除外されていたことが明らかになった。

d上　納　役

最後に、上納御用について見てみよう。世田谷領で、上納されていたものは、螻・海老弦虫・杉之葉・袋蜘蛛・蛍・赤蛙などである。上納役は、現物納から上納請負人を通した「買納」へと変化してくるが(16)、天保期の世田谷領では、御用杉之葉などについては下北沢村の喜三郎に依頼して納めていた(17)。

この杉之葉代・袋蜘蛛の領内割当ては、領内猪方・深沢・下北沢の三組全体でなされている。そして、猪方村組合では、御場外の大沢村を含む、組合村高四〇五〇石で割り、全村に割り当てている(18)。他筋の村々を含む下北沢村組合においても、上納役については、組合村々全体に割り当てている(19)。また、この三組合は、上納役の増加については、三組共同で賃金の増加を幕府に願い出るなど共同戦線を張っていた(20)。しかし、御用人足とは異なり、増上寺領村々は、これを負担していない。

以上のことから、近世後期世田谷領の上納御用の割当ては、全領に対してなされており、その意味では領中役として成立していた。しかし、増上寺領の村々は負担をしておらず、御用人足の領中とは異なっていた。

e 野方領の事例

以上、世田谷領における鷹野役賦課方式について検討を加えた。その結果それぞれの役ごとに異なった負担の枠組みが構築されていたことがわかる。御用人足については共に他筋・御場外の村・増上寺領村々も含めた完全な領中役として機能していた。上納役は、増上寺領を除く世田谷領村々によって担われていた。一方、旅宿負担については、駒場原・玉川という各御場所ごとにそれぞれ下北沢村組合、猪方村組合という各組合の役となっており、その上、他筋・御場外の村については除外されていたのである。

さて、世田谷領だけ負担の枠組みを見てくると、このような方式をとったのは同領だけであり、特殊な事例である、という批判があるだろう。しかし、こうした御用人足と旅宿負担との差異は、他の領においても見られる。

〔史料2〕

乍恐以書付御歎願奉申上候

武州多摩郡吉祥寺村境村右両村名主年寄百姓代一同奉申上候、近々小金井筋右大将様　御成之節吉祥寺村名主十郎左衛門方　御膳所境村百姓佐七方　御小休所ニ被仰付候ニ付而者、先達而中ゟ度々御掛り御役人中様再応御見分之上弥右之通御用被仰付候趣被仰渡、当人共者不申上不及申上、村方一同冥加至極与重々難有仕合ニ奉存候、然ル処右御用相勤候ニ付而者御道拵亦者御用人足多分相掛、此上御用済相成候迄ニ者御用人足者勿論御賄足銭等も夥敷可相掛、依而者所村役ニ而相勤候而者乍恐百姓共難渋および候得共義ニ御座候ニ付、是迄御成御用相勤来候村方ニ御座候間、組合村助合勤之例ニ而も可有之与奉存候得共、全両村共初而の御成□□様之例無御座候、依

而者組合村々迄助合相頼候而も迚も応□ニ而者助合いたし呉間敷奉存、依之両村百姓□申聞村役人共江申出候者、一体私共村々之義先年田安様一ツ橋様御借場ニ相成、去々寅年中御場御返上ニ相成候得共、右御借場之内御捉飼御用与して御鷹匠様方御止宿御賄水夫足銭並御用人馬賃銭共組合四拾六ヶ村々出高合壱万六千石余ニ而平均高割ニ出銭いたし、聊も無御差支相勤御用相勤来候例有之、且亦前々ゟ高田筋中野筋御成之節御用宿水夫足銭并御用人馬助合与して被為□御成候節も、勤年八拾余ヶ村ニ而村高百石ニ付銀壱匁五分ツヽ出銭、中野村触次方江差出助合いたし罷在候義ニ御座候処、今般私共両村御用之義者人馬之義者勿論水夫御賄足銭共夥敷相掛り、皆所村役ニ而相勤候而者乍恐百姓共必至与難渋およひ候間、右組合村右御両卿様御借場村之内組合四拾六ヶ村之儀割合ニ而御用相勤来候例振合例ヲ以此度之義も右組合村々ニ而助合請相勤り候様、何れへも御歎願奉申上呉候様挙而相歎、尤小前之もの共申聞候通多分之御用人馬御賄足銭ニ相成候間、両村所役ニ被仰付候而者実以難渋およひ候間、不顧恐多無拠此段御歎願奉申上候、何卒以御慈悲前条逸々御賢察被成下右組合四拾六ヶ村ニ而助合相勤呉候様、乍恐御触流被成下置度奉願上候、右願之通御聞済被成下置候ハヽ大切ニ　御用大切ニ相勤り、重々難有仕合ニ奉存候、以上

天保十五辰年二月

武州多摩郡
吉祥寺村
名主
十郎左衛門
（ほか二名略）

境村

名主　熊　次　郎
（ほか二名略）

御鷹野
御役所[21]

この史料は、天保十五年（一八四四）、初めて野方領内の小金井筋へ右大将徳川家定が御成し、そのさい御膳所に指定された吉祥寺村が、この旅宿負担を「所村役」で負担させられては難渋であるとして、「御両卿様御借場之内」組合四六ヶ村での割合を求めたものである。

ここでは、まず将軍家の御成についての旅宿負担であるにも関わらず、野方領の組合村ではなく、御三卿鷹場の組合村による割合を求めている点が重要である。その理由は、「高田筋」「中野筋」御成のさいの旅宿負担のように、前々より行われてきたものと異なり、初めての御成については先例がなく、助合を願い出ても受け入れられそうもないことにある。

つまりこれは、旅宿負担に見る限り、小「筋」という個別の御成御場所ごとに負担の枠組みが認識され、無条件に領中によって負担されていたわけではないことが知られるのである。世田谷領で見られるように、旅宿負担が基本的に御場所単位で認識され、担われている状況は、他領においても同様であったと考えられる。それが領全体で負担されている場合は、御場所単位と領の枠組みが一致しているだけということになるのではないだろうか。

2　世田谷領旅宿負担賦課方式の形成過程

本項では、増上寺領における鷹野役認識、および玉川魚猟御成一件という争論の分析を行い、旅宿負担について各御場所ごとの負担枠組みが形成されてゆく過程を明らかにしてゆく。

a　明和期の領中役化

まず、明和期に世田谷領の旅宿負担領中役化が果たされていたことを確認したい。

〔史料3〕

乍恐以書付申上候

一、此度駒場原近所、世田谷領之内拾弐ケ村御願申上候ハ、駒場原御場所拵為御用、御出役様方御出候節、御旅宿内夫御状持送り人足助合之儀、領内割合仕度様ニ御願申上候、拙者共領内いかゞ之訳ニ而助合不申哉之旨御尋被為遊、承知奉畏候、依之申上候ハ、拙者共村々之義ハ、古来ゟ御旅宿内夫人足等助合割合仕候義無御座候、尤玉川御成之節幷川通御普請御用其外諸御用ニ而、年々御旅宿内夫御状持送り人足等ハ村切ニ相勤、領内へ割合等不仕候、尤御旅宿之節ハ米銭石代被下置候ニ而諸賄仕り、御用状持送リ同様ニ奉存候上ハ、助合割合可仕様無御座候、御場近所村之義ハ、御場附之義、古来ゟ御旅宿内使人足等勤来申候義ニ御座候間、一同之義ニ奉存候、殊ニ以而御場近所村之義ハ、御用勤方之訳、拙者共遠方故、一同ニ相勤メ候義ハ不奉存候、（後略）[22]

〔史料3〕は、宝暦十三年（一七六三）一月、世田谷領三六ヶ村から伊奈役所へ差し出された嘆願書である。[23]宝暦十三年以前、駒場原最寄りの世田谷領一二ヶ村が、駒場原御場所拵御用のために出役が廻村して来たさいの「御旅宿内夫御状持送り人足」を、「領内割合」にするよう願い出たものに対して、残りの三六ヶ村が反論したものである。

これによれば、古来より三六ヶ村では駒場原の「御旅宿内夫人足等助合」を務めたことがなく、また玉川御成および川通御普請その他諸御用の旅宿負担についても、領内には割り合っていないとする。

また、ここでは、御場近所の村は「御場附」であるとして、古来より旅宿負担を務めてきた、とある。御場所の近所であることが、旅宿負担割りかけの大きな理由となっていることが知られる。このことは、同じく宝暦十三年に世田谷領三六ヶ村から伊奈役所宛に提出された「人足助合割合不勤事情返答書」(24)でも述べられ、駒場原の旅宿負担も同様としている。

ここから、宝暦十三年段階においては、世田谷領では旅宿負担は領中役として成立しておらず、御場付近の村々＝御場附の村々によって旅宿負担が賄われていることが知られるのである。つまり、玉川御場所・駒場原御場所という、各御場所ごとに負担の枠組みが認識され、設定されていたのである。

〔史料4〕

相定申証文之事

一、玉川魚猟御場所幷御旅宿幷宮内卿様御旅宿・大蔵卿様御旅宿、右三御場所之義は世田谷領之内御立場有之候処、此度四ヶ領組合致候様ニ　伊奈備前守役所・被仰渡候、依之世田谷領一同右組合難義之筋御座候ニ付御免御願申上候、然上は世田谷領之義は村々組合候而は苦敷かるましく候事故、只今ゟ組合ニ相成、右三御場所御旅宿之義ハ不及申、此後新規御場所世田谷領内何方ニ出来致候共、是又一同ニ組合相勤可申候、自今已後此義相互ニ毛頭相違仕間敷候、為後日相定証文連印仍如件

世田谷領

明和五子年九月　　　　　　　　　　　　三十六ヶ村[25]

〔史料4〕は、明和五年（一七六八）九月に粕谷村組合内で取り交わした証文である。これによれば、世田谷領内にある玉川魚猟御場所・清水家御成御場所・一橋家御成御場所の三御場所について、府中・品川・馬込・世田谷の四ヶ領[26]で組合を作り、協力して負担するように、伊奈備前守役所より仰せ渡されたことがわかる。しかし、世田谷領村々は、それを難儀として、四ヶ領の組合は御免申し上げ、代わりに世田谷領一領で組合を作り、三御場所および新規御場所も含めて、旅宿負担を一同に務めることを申し入れたのである。

世田谷領が何故、四ヶ領の組合を拒否したのかは定かではないが、ともかくこの史料から世田谷領は、明和五年以降、三御場所および新規御場所についての旅宿負担を領中一体となって請け負うようになったことがわかるのである。ただし、このとき御場所が単位となっていることに留意しておきたい。

世田谷領の残る一つの御場所である駒場原についても、御場附一五ヶ村の願い出を受け、明和七年（一七七〇）五月、「駒場原御場所拵御出役方御旅宿」に麻布領・品川領・馬込領・世田谷領の四ヶ領で負担するよう伊奈氏より命じられている[27]。

以上のように、世田谷領においては、旅宿負担について宝暦期までは、各御場の御場附きの村々によって担われていた。それが宝暦の末年から明和期にかけて、領中一体負担の運動が起こり、明和期に伊奈氏の下で領中役として成立することとなるのである。

b　増上寺領における鷹野役認識

このようにして、世田谷領の旅宿負担の領中役化は果たされた。しかし、その実態はどのようなものであったのだろうか。以下、まず増上寺領の鷹野役認識の中からそれをみてゆく。

増上寺領における鷹野役認識については、井上攻氏によって検討されている。(28) そこでは、寺役負担を根拠に諸役免除特権を保障されていた増上寺領においても、「御鷹場御用之儀ハ格別」であるとして享保以後、鷹場役だけは務めていたことが明らかにされている。また鷹場に関わる役を無前提に負担していたわけではなく、駒場原の御用屋敷建設に関わる負担などについては、これを忌避していたことも示されている。しかし、御用人足役・旅宿負担という役の個別性については触れられていない。

ここでは、鷹野役として、従来括られてきていた、御用人足と旅宿負担についての増上寺領村々の認識をみてみよう。

〔史料5〕

一、享保二酉年、有徳院様始て御成被遊候節、人足被仰付候ニ付、伊奈半左衛門様え御免相願候処、御聞済無之、寺社御奉行松平対馬守様え相願候処　御朱印之趣増上寺え御尋有之、則増上寺役者中　御朱印御持参差上候得は、対馬守様御覧之上被仰渡候ハ、御朱印之趣百姓共願之通尤ニ候得共、爰ニ一ツ之道理有之、昔　徳川様御出生之御村を松平村と申、此御村は其後無年貢・無役ニて相暮候得共、百姓殊外困窮ニ付只今ハ御冥加之為ニ少々之御役相勤候得は、段々富貴ニ相暮候由有之、此度之人足役汝等願之通尤ニハ候得共　御公儀様其地御成被遊候得は、御朱印通と申相知さる体不宜、只御冥加の為ニ御成先道拵掃除等を仕御請持可仕事也、仍向後も外役ハ決て相勤ルニ不及、御成先御用人足計相勤可申、右人足ハ　御朱印ニ背相勤之利ニあらす、御冥加之為ニ御馳走申之働也と被仰付、依之諸役御免の地なれ共　御成先をば相勤候なり

（中略）

一、有徳院様御代、始て御鷹野御成御座候て、人足大勢相掛り候ニ付、右御由緒を以、寺社御奉行松平対馬守様へ御願申上候得は、其地え御成被遊候儀ニ御座候間、御鷹野役ハ可相勤候、其外之義は御朱印之通相勤ニ不及候段被仰付候ニ付、畏御請申上候ニ付、御鷹野御用相勤候へ共其外之義ハ相勤不申候

（中略）

一、明和五年子六月、駒原付拾五ヶ村ニて先規ゟ御場拵御出役御旅宿右村々ニて致来候処、近年御出役方多ク御出被成ニ付、内夫出夫等多ク相勤候ニ付難義之由ニて、衾・碑文谷・経堂在家・赤堤・廻沢・舟橋村右の七ヶ村を差村ニいたし助合候様ニと伊奈備前守様え相願候処、田中与一右衛門殿御掛りニて、達て拾五ヶ村の願之通助合候様被仰付候得共、衾村之儀は御由緒有之諸役御免許之地に御座候間、御由緒之趣意書上助合御免之願差上候処、田中与一右衛門殿ニも右御由緒の訳難被黙止、夫より石母斉兵衛殿え御渡被成御吟味御座候て、願之義難相済候ニ付御地頭様之御副簡を以相願候得は、願書相納御聞済有之、九月八日帰村被仰付罷帰候

又翌年極月六日御召出有之、右　崇源院様奉舁御棺候証拠之記録有之候哉、又ハ聞伝而已有之哉と御尋御座候ニ付、当村穿義候処、貞享五辰年御検地御免之控書斗ニて、年久敷事ゆへ別慥成義無之候ニ付、又々御地頭様え相伺右之御尋之答書差上候、其文意左之通り

一、去子年、駒原御出役方御旅宿助合被仰付候ニ付　崇源院様御逝去之刻奉舁御棺候御由緒申上候ニ付、右御由緒之証拠控書等有之候哉と御尋被仰付候ニ付、村方穿鑿仕候処、寛永年中之事ニて年久敷義ニ御座候間、慥成控書等無之、先祖親々ゟ申伝耳ニ御座候、勿論御葬送之御時は御知行村々ゟ三百五拾人人足被仰付候、則御上ゟ御いろを被下置、名主ハ落髪仕、百姓は元結を払奉舁御棺候、尤其節被下置候いろハ則増上寺え相納候由、此先祖親々ゟ申伝ニ御座候間相違無之候、其後貞享五辰年、御検地御入被遊候節右御由緒申上候得は、御検地御止ニ相

成申候、其後度々之願書ニも右御由緒申上候得は御聞済被下候、只今証拠申上候は右之訳ニ御座候、以上
右之様成答書ニて今ニ御吟味相止メ罷成候(29)

まず、増上寺領中目黒村の由緒書における「諸役免許之事」において、吉宗の御成のさいの人足について御朱印を理由に免除を伊奈備前守へ願い出たが聞き入れられなかったことが記されている。ここでは、「只御冥加の為ニ御成先道拵掃除等を仕御請持可仕事也、仍向後も外役ハ決て相勤ルニ不及、御成先御用人足計相勤可申」とあり、御成先の道の整備や掃除のためとして、「御成御用人足」だけを務めることとしている。

そして以後は、井上論文にも書かれている通り、この「由緒」をもって、「御鷹野役」だけは務めることとし、それ以外の役は免除されることになったとしている。ここでは、御鷹野御用＝御場拵人足という認識であったことが知られるのである。

それを踏まえて、明和五年における駒場原旅宿負担をめぐる一件の部分をみてみよう。その概要は次の通りである。明和五年、駒場原付一五ヶ村で以前より「御場拵御出役御旅宿」を務めてきたが、近年出役が頻繁にやって来るようになったので難儀となった。そこで衾・碑文谷・経堂在家・赤堤・廻沢・舟橋の六ヶ村へ助合をさせるよう、伊奈備前守へ一五ヶ村が願い出た。これに対し、増上寺領の衾村は諸役免許の由緒を根拠に助合免除を主張する。これには掛りの田中与一右衛門も「右御由緒の訳難被黙止」となり、結局免除されることとなったのである。またこの免除の直接の理由は「崇源院様御逝去之刻奉舁（かつぎ）御棺候御由緒」であった。

以上、由緒書からは、増上寺村々に「御鷹野役」として認識されていたのは御用人足のみであって、旅宿負担についてはそう認められていなかったことが判明するのである。そして表12で見た通り実態として御用人足のみ増上寺領が負担していることからもこのことが裏づけられ、また幕府としてもそれを容認していたことがわかるのである。

実際、駒場原の旅宿負担についても、明和期以降、御場近辺以外の世田谷領の村々が負担していたことを示す史料はない。こうしたことから、明和期に至り、世田谷領において領中役化が果たされたといっても、御用人足の領中割合とは異質なものであったことが窺われるのである。

c玉川魚猟御成一件

次に、増上寺領以外の村として、御用人足と旅宿負担を峻別する、地域側の認識を、天保期に起きた玉川魚猟御成一件の分析を通して検討してゆきたい。

争論の展開　この争論は玉川御場所への御成のさいの負担割合をめぐる、世田谷領組合村々間のものである。その発端は天保三年（一八三二）八月二十八日、玉川筋への将軍世嗣徳川家慶の御成であった。

〔史料6〕

覚

（前略）

右ニ付瀬田村は不及申隣村の用賀村・鎌田村・当村抔夫々御出役方御旅宿被仰付、多分諸雑費相懸り候付、右割合世田谷領村々一同割合出銭いたし度、尚又天明八申年御成被仰出御延引ニ相成候諸入用既ニ一領持割合先例ニ付、猪方組・深沢組・下北沢組三組一同割合之義掛合ニおよひ候処、右両組共彼是難渋ケ間敷義申之懸合行届不申候ゆへ、無詮方御鷹野御役所江両組相手取り、喜多見村安藤八郎右衛門様御知行名主重右衛門・中村八太夫様御支配所駒井村名主太左衛門并猪方村善次郎両三人出府願上候処内熟被仰付候付任其意再示談ニおよひ懸合候得共、何分内熟出来不申罷在候処、再々応懸合ニおよひ仮成懸合方行届、翌巳年十二月中内済之上割合取調勘定埒

済ニ申候、右委細は左之奥江委敷留置申処也(30)

〔史料6〕は、鷹場役人の宿泊のあった上野毛村名主から鳥見および鳥見手附に宛てられた止宿木銭・米代の受取書の一部である。日付は御成当日、傍線部以降の後半部に負担をめぐって争論へ発展した過程が書かれている。

瀬田村・用賀村・鎌田村・上野毛村などは、それぞれ出役の旅宿負担を仰せ付けられ、多分の諸雑費がかかったので、それを世田谷領村々一同に割り当てようとした。さらに天明八年（一七八八）御成のときの諸入用は、すでに「一領持割合先例」となっていたとしている(31)。しかし、下北沢・深沢両組とも、これを受け入れなかったため、鷹野役所へ両組を相手取って、喜多見村名主以下三人が訴え出た。すると内々で解決するよう命じられ、さらに二度にわたる示談に及んだ結果、「仮成懸合」が成立し、翌天保四年（一八三三）十二月中内済の上、割合の勘定は無事にすんだ、となっている。史料では詳しくは左に記すと書かれているが何も書かれていない。内済の内容がいかなるものであったかはわからない。

ともかく、ここから猪方村組合の諸村は、明和期に成立した「旅宿負担は領中役」の先例に基づいて領中一同に割り当てることを主張し、残り二組合は難癖を付け対立したことが知られるのである。

その後、この争論は、同年十一月に、新たに御用人足の負担にまで争点が拡大している(32)。下北沢組・深沢組双方が鷹野役所へ呼び出されたさい、下北沢村組合が玉川の「御場所拵其外諸御用人足」の負担を断ったのである。争論を持ち込まれた鷹野役所では、翌年春までには内済するように指示している。しかし鷹野役所としては具体的な解決策を示すことなく、ただ、早期の内済のみを促すだけであった。かくして鷹野役所の意図とは反して争論は長期化し、新たに御用人足の負担にまで争点は拡大したのである。

争論の結果　この争論が、決着するのは天保五年（一八三四）九月である。中野村名主卯右衛門・上目黒村名主啓

次郎・上仙川村名主清右衛門ほか世田谷領内の喜多見村と上野毛村の名主が扱人となって間に立ち、内済が成立した。(33)

〔史料7〕

差上申済口証文之事

武州多摩・荏原両郡之内、世田谷領弐拾九ヶ村役人惣代烏山村名主劉平・深大寺村名主平蔵・猪方村触次善次郎・深沢村触次有源次江相掛り、去々辰八月中玉川筋魚猟御成御用人馬勤方ニ付、右村々江は何方ゟも御触無之御沙汰等も不相弁、殊ニ弐拾九ヶ村之内下北沢村外拾壱ヶ村駒場定式御賄方相勤、烏山村外五ヶ村中野筋御用相勤、深大寺村外三ヶ村は御場外ニ而御捉飼御鷹匠御賄方相勤候ニ付、半高或は助合ニ而割合、赤堤村外六ヶ村は惣高割合ヲ受、御場所拵之儀は深沢・猪方両組ニ而引請、下北沢組村々ニ而は勤来不申候ニ付、品々奉願上候処相手方ゟ申立候は、御成御沙汰之義は去々辰七月中被仰出、御掛様方ゟ触次共江被仰渡、則組合村々江申通右御用向之儀は御鷹野御役所御鳥見様方其外御掛ゟ触次江被　仰渡候ニ付、組合村々江申通候筈ニ而、下北沢村半蔵義も右乍弁品々申紛難心得義申立候間、夫々御答書ヲ以申上候ニ付、当時一同被召出御吟味中ニ御座候所、今般扱人立入追々御猶予御日延奉願双方内実篤と承糺候所、玉川筋之儀は、稀成御成ニ在之、其領中之冥加ニ而御国恩ヲ弁候ハヽ、難有御用人馬相勤可申御利解等之趣双方共一同奉承伏、和融内済仕候趣意左ニ奉申上候、此段玉川筋御用人足領中割合之儀は、前々勤来候通り以来玉川筋ニ不限何れ之村々江御成御沙汰等被　仰出候ハヽ、御掛様方へ前広三組触次ゟ相伺御差図ヲ受、其段触下村々江申達明白之割合ヲ以無甲乙相触可申筈、村々ニ而も前々之通御差支無之様大切ニ御用人馬相勤、人足高割之義は異論不申様取計可申候、其外往還筋御道拵之義は其所限り村役ニ相勤、其余御差懸り急御用御直触ニ而御用人馬差出候ハヽ、其村々ゟ触次方へ其時々相届置、古来ゟ被仰渡候御趣意忘却致間敷候、且又御三卿様御出之節は、其筋組合持切前文振合ヲ以諸事相勤可申候、将又定式水

夫之義は其筋々組合限前々ゟ仕来を以相勤可申候、今般申立候御場拵御用人足御賦方御船引上ケ・引下ケ人足之儀は、追々掛合之上事柄相分候付、御用人馬勤方之義は領中割合行届賃銀と申廉は双方ゟ扱人貰請、和談金訴訟方ゟ相手方へ差出シ、尤右金子は以来之例ニは取用申間敷対談ニ而最初掛合方行違候廉は訴訟方江扱人ゟ夫々挨拶ニおよひ、其外御成御沙汰被　仰出触次方ニ而承知仕候日限等之義申争候得共、是又掛合之上相双(双方カ)憤合之儀は立入候者共貰請、以来世田谷領三組共触次一同和融いたし、無隔心都而御用筋平和ニ取計、聊御差支無之様相勤可申候、然ル上は右一件ニ付双方ゟ自今以後御願筋出入ケ間鋪義毛頭無御座、一同無申分熟談内済仕偏ニ　御威光と難有仕合ニ奉存候、依之為後証連印済口証文差上申所如件

天保五午年九月二日

世田谷領

烏山村名主　劉　平印

(以下九名略)[34]

〔史料7〕は、この済口証文である。全体としては、相手方の下北沢村組合触次半蔵の非を責めるものとなっている。

それでは、問題の負担割当てについてはどうなっているのであろうか。まず、御用人足については、玉川筋に限らず、いずれの御場所に御成となっても、三組合で「領中割合」することとしている。具体的には、「御場拵御用人足御賦方御船引上ケ・引下ケ人足」をはじめとした御用人馬について、「領中割合」が行き届いたとしている。それに対して、御三卿御出のさいの負担については、「其筋組合持切」で請け負うこととしている。さらに「定式水夫」＝公儀鷹場の旅宿負担についても「其筋々組合限」りの負担であるとしているのである。

全体的には、猪方村・深沢村組合側の意向を取り入れ、下北沢側の非を責める内容になり、御用人馬（御用人足

の「領中割合」を確認する一方で、「御三卿様御出」の負担、「定式水夫」（旅宿負担）をその組合限りで負担することを記しているのである。実際に、この割合で務められていることは、先に掲げた天保十二年の事例から確認できる。つまり最初、猪方側は、旅宿負担の領中割当てから事を起こしながら、途中で御用人足についても争点を拡大し、最終的には、御用人足については領中役としての性格は維持されたものの、旅宿負担については、「組合限」という収束がなされているのである。つまり、この争論においては、鷹野役の中にある二つの役を弁別し、負担を請け負う組合村の認識を踏まえつつ御用人足＝領中役、旅宿負担＝組合限という原則が新たに作られていったと言えるのである。またこうした前提には、旅宿は御場附とする従来の認識があったものと思われる。

なお玉川魚猟御成一件で示された、旅宿負担＝組合役の原則は、その後、御三卿の清水御借場における負担割合も規定してゆくこととなったが、それについては次章（第二部第二章）で詳述する。

以上、本節における分析を通じて、世田谷領における旅宿負担の枠組みが、御場所（駒場原・玉川）ごとに形成されてゆくことを明らかにした。旅宿負担においては、実際負担を行う場としての御場所こそが重要であり、均一的な賦課―負担体制はとられていない。そしてそれは領のみならず一つの鷹場組合内においても同様であったのである。

二　江戸周縁地域と旅宿負担

前節では、世田谷領を事例として、村にかかってくる旅宿負担においては御場所ごとの負担枠組みが形成されていることを明らかにした。それを踏まえて本節では、江戸の町にかかってくる旅宿負担の分析から鷹場による一体化の論理の再検討を行いたい。

1 御鷹御用宿

まず、江戸周縁部の町がどれくらい鷹場組合村に構成されているのかを確認したい。表14は、寛政四年における鷹場組合村構成における町の編成を示したものである。ここにある宿・町の大部分は年貢地で、人別は町奉行が支配する町並地に位置するものである。これを見ると、根崎光男氏が指摘している通り(35)ほぼ江戸城外堀より御拳場に指定され、鷹場組合村に編成されている状況が裏づけられる。

では、この江戸周縁の町地域における鷹野役の賦課状況はどのようなものであったのか。従来の大石学氏の研究においても鷹場組合村を構成する町地域においては、他の村同様の役がかけられていたことが明らかにされている(36)。つまり、町はその環境的な条件のために、虫類上納が免除され、代わりに御用人足役を多く務めるなどの差異は有するものの、負担の単位としては基本的に村と同様に扱われていたとされる。

また小國喜弘氏は、江戸の町方に属しながら、在方との接点に位置する周縁部の町の中には、鷹場に設定されることで、鳥見役

表14　鷹場組合村に所属する江戸の町

触次村町	宿・町名
西葛西領新田 柳嶋村	小松代町・六間堀町・深川町・下大嶋町
淵江領新川西 竹塚村	千住一～五町目・掃部宿(河原町・橋戸町)・小塚原町・中村町
岩淵領 西原村	駒込片町・谷中村古川前町・岩淵本宿
峡田領 橋場町	材木町・花川町・山之宿町・並木町・茶屋町・駒形町・三間町・田原町・西仲町・諏訪町・東仲町・聖天町・田町・浅草町・龍泉寺町・坂本町・谷中本町・山谷町・六軒町・橋場町・今戸町・新鳥越町・通新町・駒込片町・白山前町・戸崎町・大塚町・金杉水道町・□舟町・谷中片町・上野町
麻布領	桜田町・龍土町・今井町・市兵衛町・飯倉町・麻布町・三田町・上高輪町・本芝町・金杉町・白金台町
野方領 中野村	馬場下町・同所横町・原町一～三町目・築地片町・榎町・天神町・早稲田町・弁才天町・牛込肴町・牛込改代町
戸田領 大塚村	音羽町・関口水道町・小日向町・金杉水道町・戸崎町・白山前町・大塚町・蕨宿

註　(寛政４年)閏２月「御用留」(『葛飾区古文書史料集』３　中茎家文書１)より作成。

所によって周辺農村と包括的に支配されるようになったものもあることを指摘している(37)。

しかし、これらの説明では、いわゆる御拳場に入らない江戸の町方までは対象としていない。同地域については、鷹狩への将軍御成のさい、厳しい規制がなされたことなどが明らかにされているもの(38)の、これまで負担の内容については指摘されていない。鷹狩は江戸の町方にいかなる負担をもたらしたのであろうか。

〔史料8〕

一、御鷹野幷御犬宿致候節宿町々入用懸候趣ニ付、以来入用不相掛様致遣事

一、御鳥見寄合致候節宿町々入用懸候由ニ付、是又以来不懸様可致遣事

〔史料8〕は、寛政三年（一七九一）四月における「町入用節減方定法申渡(39)」の一部である。ここから、御鷹野御成、および鳥見寄合などのときの宿泊費用が江戸の町の町入用にかかってきていることがわかる。では、ここで見られる旅宿負担とはどのようなものであろうか。江戸町方の史料の残存状況から、断片的な記述となるが、以下明らかにしてゆきたい。

〔史料9〕

四つ谷内藤新宿は、明和八年御鷹御用宿と願ひ、飯盛給仕女と申願ひ済けり、此御用宿と申は、場御成、又四つ谷辺御成之節、御鷹止宿の場所なり、又秋より冬に至り、御鷹御飼付初めの内は、夜計据し故、夜分の休息所の御用なり、品川宿、千住宿、板橋宿、何も御用宿に、追々御免の場所となり、此例を以四つ谷筋には是なき故、願ひ済て、給仕女一宿に女子三人宛、差置可申との事なるが、内証にては余多抱置ける(40)

〔史料9〕は「宝暦現来集」の一節である。同書は、駒込在住の幕臣山田桂翁の著で、宝暦—天保期の江戸における巷説などを記したものである。この部分は、内藤新宿が飯盛女を置くために、交換条件として御鷹御用宿となるこ

とを願い出たことを記述している。御鷹御用宿とは、将軍御成のときの鷹場役人の止宿場所や鷹匠らの飼付御用のときの休息所の意であることがわかる。ここでは江戸四宿が御用宿であるとされているが、こうした御鷹御用宿はどのような村町に設定されていたのであろうか。

〔史料10〕

一、御鷹野御成御用并近在所々御野先御用ニ付、御鷹匠方并御犬牽衆出立之節、私共方ニ而差出候御伝馬役之儀者、都而御鷹匠御頭様より直御名前ニ而人馬之員数并雑司ヶ谷・千駄木御鷹部屋迄可指出旨之御断書を以差出来申候、尤御鷹野　御成御用之節、本所辺本所竪川通御一宿之旨、御頭様御断書有之候ニ付、竪川通名主江先触共御一宿迄継送申候、麻布・広尾・駒場野・目黒筋　御成之節も、新網町・赤羽辺・松本町辺・青木久保町・○（山カ）宮益町辺御一宿之旨、御頭様ゟ御断書有之ニ付、右町々名主江先触仕、御一宿迄人馬継送り申候、且又近在所々御野先御用人馬之儀者、口々名主・問屋迄継送り申候、勿論御鷹御用御伝馬之儀、先年者其時々御鷹匠方より若年寄方江御達有之、御番所様ニ而私共江被仰付相勤候由申伝候儀ニ御座候、然る処享保年中之頃ゟ以来者御鷹匠御頭様ゟ御断次第無滞人馬差出相勤可申旨、御番所様ニ而被仰渡候由、委敷書留者焼失仕、相知不申候得共、夫ゟ御頭様御断を以　御朱印・御証文之振合ニ而人馬并先触等差出申候、尤去ル明和七亥年六月中、御鷹匠頭能勢河内守様御跡役内山七兵衛様ゟ向後御伝馬人馬之儀可申来間、前々之通無滞人馬差出相勤候様甲斐守様御番所ニ而被仰付、則御証文印形仕候儀ニ御座候、右御用之外私共方ニ而相勤候御伝馬之儀者、道中御伝馬役ニ而御朱印者不及申、御老中様方御証文并御勘定御奉行様・御吟味役様方御連判之御証文を以、口々問屋又者名主え継送候迄ニ御座候、前書御成御用ニ付御鷹匠方御府内御一宿之節も御野先御用之儀ニ御座候間、右一宿之町々迄継送候迄ニ而、持込候儀者無御座候、尤享保二酉年町御触并私共江被仰渡之趣別紙差上申候、以上

大伝馬町
御伝馬役
馬込勘解由

安永八亥年二月五日

御番所様(41)

この史料は、大伝馬町の名主が、鷹御用の道中伝馬役について町奉行へ上申したものである。麻布・広尾・駒場野・目黒筋など各御場所への御成のさい、鷹匠や犬牽らが本所竪川通りほか新網町・赤羽辺・松本町辺・青山久保町・宮益町に一泊するので、右町々名主へ先触し、宿まで人馬を継ぎ送るとしている。具体的な町名の明らかになっていないものもあるが、各御成御場所ごとに、その近辺の御府内の町が鷹匠や犬牽の宿泊所となっていることがわかる。

これらの場所で具体的にどのような負担がなされていたのかは不明である。ただ、『御府内備考』の渋谷宮益町の項では次のように見える。

〔史料11〕

享保二酉年始而駒場原御成之節与右衛門宅え御前日より御麾其外御品々御預ケニ相成候上御場御係御小納戸御頭取様方御揃所ニ相成御老中様御供有之候節者御待請所ニ相成諸御用相勤来申候(42)

これによると、駒場原の入り口にあたる宮益町の名主宅が、御場掛・小納戸などの揃所となっていたことがわかる。またこうした負担は、御場所近辺に限らず、江戸城から各御場所への道筋にあたる町々もこの対象となっていたことが次の史料より窺われる。

〔史料12〕

天保六未年七月

御鷹匠方下宿取調書上

何番組年番

何町

名主　誰

古町之分

何年何月幾日ゟ

御月番御番所

御場何方

同町年寄衆　何町

御届不申候歟

御届申候歟

御下宿為致候

御成之節

下宿先年差掛り

御道筋ニ付左右共

御宿致候ニ付例ニ　何町

相成今以御宿仕例

御宿致候節

御鷹匠方　　書面差出来候歟
　　　　　　不出候歟　　同
右御年貢地ニ而は無之古町ニ有之、前々ゟ御宿致来候、取調此段申上候、以上
年号月日　　何番組年番
　　　　　　　何町
　　　　　　　　名主　誰　印

（中略）
南北小口年番只今早々可罷出旨、伊賀守様御差紙ニ付罷出候処、先日被仰渡有之候鷹匠方下宿之義、御成之節御用屋敷、其外御武家方御屋敷御通抜之砌下宿等之義、其近辺年貢地之外之町々江被仰付候節、其支配名主心得ニ而御請書差出、御用相勤来候儀有無、幷町年寄方ゟ前以差支之有無尋相済、右御用相勤来候分且時々御番所江御訴来候歟、又は町年寄江届来候哉之義共巨細ニ取調、早々返答差出候様、蜂屋新五郎殿被申渡、尤右之趣南北年番ニ而申合、相達候哉之義御尋ニ付、右は先日被仰渡候節雛形ニ相認、惣達仕置候間、組々返答当月中ニ而相集可申、今日被仰渡之義再達差出候ハ丶、却而入混可申哉、何れ返答取集候上、南北打合御答申上候様可仕旨申上、引取申候(43)

この史料は天保六年（一八三五）七月、江戸町方における御鷹匠下宿の有無について取調を命じたものである。ここでは、江戸の町方を古町・御年貢地に分け、そしてそれがどの御場所の道筋にあたっているのかを示させていることが注目される。ここから、御鷹御用宿については、町並地だけでなく御場所への道筋にあたる古町にも割りかけられていたことが窺われるのである。つまり、この負担は年貢地―御拳場に位置し、鷹場組合村に構成される町方だけ

でなく、古町も含めた江戸町方一般の負担であったということができるであろう。(44)では、御鷹御用宿の負担はどのように請け負われていたのであろうか。

〔史料13〕

嘉永三戌年四月

本所林町壱町目月行事甚助訴

小松川筋

御成之節御鷹御用宿之儀ニ付調

乍恐以書付奉願上候

一、本所林町壱町目外四ヶ町月行事物代同町壱町目月行事甚助・同町三丁目同与兵衛奉申上候、私共町内之儀者竪川付町々ニ御座候処、小松川筋御鷹野御成之節、御鷹御用宿之儀者、古来より竪川通町々ニ而相勤来候得共、別段御用宿与差定メ無御座、右川通炭薪渡世其外商人共之内、手広之住居仕候者御宿相勤候義に御座候処、追年土地衰微仕、渡世向手薄ニ相成ニ随、住居之家作等取縮メ又ハ転宅逼塞等いたし候類有之、先年ゟ御宿仕来り候もの追々相減、御鷹野御役所ゟ御鷹宿御割当之砌、身柄相応之もの無之、町々或ハ無余儀差支候向其段申立、御繰替等相成候義も間々有之、乍恐御大切之御鷹宿被為仰付候義ハ冥加至極之義与難有奉存候処、御差支ニ相成候而者一同奉恐入候義ニ而、其時々心配仕罷在候、然ル処去々申年十二月廿一日小松川筋御成之節、御鷹宿御割当町々之内、右申上候通当時手広之家作無之、町々差合等ニ而御宿難相勤類有之、御宿御不足ニ而御請等も手間取、既ニ御差支ニも可相成御様子ニ付、町々穿鑿仕、見苦敷家作手狭を不厭御案内申上、御見分受、漸御用相勤候得共、右様之義ニ而者、以来御差支ニも可相成哉与、一同心配仕奉恐入、且御宿勤馴不申もの共ニ而ハ万一不調法等も有之間敷哉与、是又一同心痛仕候義ニ御座候、依之最寄町々ニ而寄々評議仕候処、以来御差支無之様、御鷹御用宿一纏ニ被為　仰付被成置候得者、私共町内五ヶ町之場所見立御泊御定宿建置、少も御差支ニ不相成様幾重ニも申合仕、大切ニ御用宿相勤申度奉存候、尤町入用江者相響不申様可仕候間、何卒以御慈悲右之段乍恐被為聞召訳、右願之通御鷹御用御泊宿被為　仰付被下置候様偏ニ奉願上候、以上

本所林町壱丁目
同町　弐丁目
同町　三丁目
同町　四丁目
同町　五丁目
右町々月行事惣代
同町壱丁目
月行事
願　人　甚　助印
（ほか三名略）

嘉永三戌年四月廿三日

御番所様(45)

この史料は、嘉永三年（一八五〇）四月、本所林町の月行事惣代が御鷹宿の定宿化を願い出たものである。この願書によれば、従来、小松川筋御成のさいの御用宿を竪川通りの町々で務めてきたが、近年同地域の商売向きが不振と

なり、御用宿に供するような家作がなくなってきてしまった、とある。そこで、林町では御用宿を一つにまとめ、五ヶ町内に新築することを願い出ている。

ここから、江戸の町々においても御鷹御用宿は鷹野役所によって割当てが決められ、また一つの町の単位で負担を請け負っていたことが知られるのである。

それでは、その負担量はどれくらいのものであったのだろうか。麻布領に属する飯倉六本木町の例をみてみる。同町は家数五万二八〇四坪余の町である。(46)天明五年(一七八五)町入用では、(47)「御成之節飯倉町御鷹宿入用」の金一両三分・銀一二匁が臨時町入用として計上されている。このときの町入用は臨時町入用が八両二分余、定式入用が五両であるから、その額の割合は決して少なくないものであったと言えるであろう。

以上、断片的ではあるが、近世後期の御鷹野御成のさい、各御場所近辺およびその道筋に至る江戸の町々が、古町・年貢地の差別なく鷹匠や鷹野方役人の宿泊所となり、その旅宿負担が町役としてかかっていたことを明らかにした。

2 内藤新宿における旅宿負担の実態

前項では、御成の道筋にあたる町々が御鷹御用宿などの町方独自の鷹場関係負担を担っていたことを確認した。この負担は御成道筋にあたる江戸町方全体が対象であった。つまり、御拳場域に存在する町では村方・町方双方の負担がかかってくることになる。次に問題となってくるのは、こうした地域においていかなる負担体制がとられていたかということである。本項では、内藤新宿を例に取って分析を試みたい。

a　鷹野役の負担状況

内藤新宿は、甲州道中第一の駅であり、元禄十一年（一六九八）に開設された。以後、遊興の場として発展するが、江戸市中および周辺地域の歓楽の場所の取締を目指す吉宗政権によって、享保三年（一七一八）に内藤大八事件を契機として廃駅を命じられる。その後、低迷期を経て明和九年（一七七二）に復活し、以後明治まで存続した。(48)

それでは、鷹野役はどのように負担されていたのであろうか。まず、内藤新宿は、野方領に属し、鷹野役を賦課される一村として存在していた。享保三年の廃駅後、代官は内藤新宿を村として扱い、周辺村落同様に鷹野人足を割り当てられていくことになる。そしてこの状態は、明和九年に同駅が宿として復活した後も、変わらなかった。(49)

一方で、内藤新宿には、御鷹御用宿としての負担も見られる。明和九年の「旅籠屋連判帳」に、「一、御朱印御証文、并御鷹御用宿、諸武家様方御差触御宿、問屋御役所ゟ被仰付次第、差支無之様大切、御宿等相勤可申上候事(50)」とあり、御鷹御用宿を複数の旅籠屋が務めていることが知られる。

次に宿入用の分析を行いたい。安永以後のすべての時期の実態を示すことは、史料制約上、果たせないが、現存する文政五年（一八二二）から天保二年（一八三一）までの宿入用帳から、その費用をまとめたのが、表15である。これを見ると、御鷹方が宿泊したさいの諸費用・水夫人足賃銭がおよそ毎年六両前後かかっていたことが知られる。

表15　御鷹方御定宿の節入用（文政5年～天保2年）

年	A（金銭）	B(金)
文政5年	1両　2朱　748文	4両2分
文政6年	1両　2朱　9貫378文	4両2分
文政7年	2分　2朱14貫356文	4両2分
文政8年	1両　2朱13貫556文	4両2分
文政9年	1両1分2朱　9貫648文	4両2分
文政10年	2分　2朱13貫936文	4両2分
文政11年	2両3分2朱27貫562文	4両2分
文政12年	2両　7貫336文	4両2分
天保1年	2分　2朱12貫536文	4両2分
天保2年	1両2分　7貫976文	4両2分

註　A：「問屋場挑灯新規張替・傘糸竪并宿駕籠拵修復桐油其外小買物代」。
B：水夫人足手当として，「定式受負方之者江相渡候分」。
高松家文書467 天保3年3月「文政五午年ゟ天保二卯年迄拾ヶ年分宿入用勘定帳」より作成。

そしてこれらの費用は間口割で、百姓家持が負担している。以上、内藤新宿では、野方領の村としての負担（御用人足など）とともに、御鷹御用宿としての負担も有した。そのほか、鷹匠の水夫人足賃銭が宿入用として賦課されていたのである。

b 鷹場一体化論理と旅宿負担

ところで、内藤新宿は御鷹御用宿の負担を一宿のみで負担していたのではなかった。周辺三ヶ村と組み合って負担していたことが次の史料から窺える。

〔史料14〕

一札之事

一、御本丸之儀者不及申上、一ツ橋様田安様幷清水様御鷹御泊り御用宿之儀、前々ゟ内藤新宿ニ而壱度淀橋中野本郷角筈村四ヶ所ニ而組合壱度宛順番ニ而勤来申候、然処此度私共番ニ相当申候所、町内少々取込候儀御座候間貴殿方江相頼申候間、此度之儀半分御人数□相分ケ御泊宿被成可被下候、勿論重而之差引ニ仕候因茲頼一札差遣申候所相違無御座候、仍如件

内藤新宿
百姓代　半兵衛
（ほか四名略）

明和八歳卯四月五日

淀橋町

中野村

角筈村
本郷村
　御名主中(51)

この史料によれば、明和期、将軍御成のほか、御三卿御出のさいの御鷹御用宿を、内藤新宿と周辺の柏木淀橋町および中野・本郷・角筈村の四ヶ所組合で、それぞれ一度ずつ交代で務めていたことが知られる。何故、この四ヶ町村であったのかは、次の史料より窺える。

〔史料15〕

乍恐以書付奉願上候

一、多摩郡本郷村名主年寄惣百姓申上候者四ヶ年以前御鷹宿之儀柏木村ゟ御願申上候ニ付御吟味被遊候処柏木村壱ヶ村ニ而数年御宿相勤難儀之由申上依之内藤宿柏木本郷中野四ヶ所江順番ニ被仰付候処、本郷村之儀小村ニ而殊ニ淀橋町並家数六軒御座候内御鷹宿可仕家四軒程外ニ者無御座候、依之御願申上候得者段々御吟味被遊候処、人別等不足家数不□ニ付角筈淀橋町被召出御吟味被遊候処、御宿ニ相成可申家壱軒御座候ニ付被仰付候、且又人足等茂本郷村順番之節差出シ申候処被仰付候、尤其節被仰付候者御五六軒程御座候ハヽ、相勤リ可申候様ニ茂奉存候ニ付御請仕候、然処ニ去廿六日出御之節御宿雑司ヶ谷御鷹方三軒千駄木御鷹方御宿七軒都合拾軒御宿被仰渡候間、御宿不足之由御訴訟申上候得者雑司ヶ谷方弐軒千駄木方六軒都合八軒御宿被仰付候、依之御宿割様江御願申上候得者家数不足ニ而御用差支申候ニ付、柏木村江三軒中野村江壱軒被仰付候、然所ニ柏木村年寄権右衛門罷越御宿割様江御願申上候者、急ニ差掛り御用差支申候而者如何大切と奉存、今晩者御宿可仕候得共明晩者難儀由申上候間、御宿割様御申被成候者、何れ共可致旨柏木村江御申被成、依之拙者共江被仰付候者柏木村中野村江罷越申合何れ共御用間違無之様可仕旨御申被成候ニ付、則右村江罷越相談仕候処、此度御宿仕候替り柏木村中野村順番之節本郷村江右□御宿仕候様ニ申候、若替り御宿不仕候ハ、御宿罷成不申候由申候ニ付、依之替り可仕由ニ而去ル廿六日迄ハ御用相勤申候得共、重而右両村順番之節拙者共村江御□仕候得者順番之外両度宛相勤難儀ニ奉存候、勿論内藤宿順番之節計相休又候当村江順番相当り申候節御宿差支申候而も拙者共可為越度旨被仰渡候、依之御願申上候者本郷村之儀者家数不足ニ御座候間、何卒御慈悲ヲ以外村ニ而壱度相勤申候者拙者共村方ニ而茂壱度宛相勤申候様ニ奉願上候、願之通被為仰付被下置候ハ、困窮之百姓共難有奉存候、以上

延享三年寅十一月

本郷村
名主　徳左衛門
（ほか二名略）
角筈村
名主　与兵衛
（ほか一名略）

小沢伊右衛門様(52)
（ほか三名略）

〔史料15〕は、本郷村・角筈村名主より鳥見へ差し出された嘆願書である。まず、冒頭において、内藤新宿ほか四ヶ村が御用宿を務めるようになった経緯が記されている。ここでは、柏木村がまず最初に御用宿を務めていたとあるが、詳細は同年代の史料がないために不明である。ただ、いずれにせよ、中野筋御成のさいの道筋となる青梅街道沿いに町屋を展開している、内藤新宿ほか四ヶ村が御用宿を務めることになったのだと思われる。本嘆願書では、本

郷村は小村ゆえに御宿不足であるとして、御用宿の他村への割当てを願い出ている。実際に、二十六日の御出のさいには、御鷹方・鷹匠の宿が不足したとし、中野村や柏木村へ応援を頼むが不調に終わる経緯が記されている。

ここでは「御鷹宿可仕家」が淀橋町並みに限られている点に注意したい。つまり、御鷹御用宿には一定度の格式のある町屋しか提供できないのである。このことは、先に掲げた本所林町の例（〔史料14〕）からも窺えるであろう。御鷹御用宿は、村にかかってきていても、一定度の町場化が進んだ地域に限られるものであったことが知られるのである。

さて、寛延期になると野方領における御鷹御用宿の負担は、領中による助合を求める公平化争論が引き起こされる。

〔史料16〕

乍恐以書付奉願上候

内藤新宿
淀橋町
本郷村
角筈村
中野村

右村家持共御願申上候、刑部卿様出御幷御捉飼之節、御鷹匠様方御泊り宿之儀、先規被仰付候節ゟ唯今迄御用無恙勤来申候、然処先規被仰付候者共御請仕候儀者出御之節者御鷹匠様方御泊御宿之儀奉畏候、尤御捉飼之儀者御泊無御座直ニ御帰被為遊候、然処ニ近年者出御・御捉飼共ニ而、其上先規と違ひ二夜宛之御泊ニ而難儀仕候、勿論家之内何レ茂表間口斗ニ而少々宛之商売仕候得者二夜宛御泊候得而者家業相止メ、老人妻子共ニ外江指遣シ

置候仕合ニ御座候而、殊之外難儀仕候
一、出御之節御鷹匠様方御泊之儀茂先規者四五軒程宛ニ而御座候処、近年者拾八九軒程ニ而御座候、且又御捉飼御泊御宿之儀茂拾八九軒程宛ニ而二夜之御泊りニ而御座候、左候得者先規と違ひ御宿大分入用候ニ付、水夫人足等ニ至迄右ニ准シ入候ニ付殊之外困窮難儀仕候、依之御場所之儀者一体之儀と奉存候間、外村々江助村奉願上候、勿論今迄御用無恙相勤来申候得共、至極之困窮ニ而御用勤兼候間、幾重ニ茂助村奉願上候
一、出御之儀者幾重ニ茂右四ヶ所ニ而相勤可申上候、然共此儀も近所最寄明キ村町御座候間、御慈悲を以右村町江順番助合ニ而相勤申度奉願上候、勿論御捉飼之儀者其最寄村々御泊被遊被下置候者難有可奉存候
（中略）
寛延弐年巳八月

（内藤新宿・柏木淀橋町・角筈村・本郷村・中野村家持一〇九名連名）

小沢伊右衛門
（ほか三名）(53)

〔史料16〕は、寛延二年（一七四九）八月に内藤新宿以下の五ヶ町村家持より鳥見に出されたものである。これまで五ヶ町村家持のみで務められてきた御三卿御出および鷹匠捉飼のさいの宿泊費用について、御場一統の論理を理由に、他の村々への助村割当てを願い出ている。

この願書がどのように処理されたかは史料がないので明らかにしえないが、ここでは、訴願が五町村の家持百姓によってのみなされていることが重要である。つまりここで問題となってくるのは、あくまで家持役としてかかってくる御用宿の負担であり、村町の負担とはなっていない。そして、そうした町方独自の負担である御用宿に対しても、

御場所は「一体」であるとし、助合を要求して争論に及んでいるのである。

この史料は前掲の大石氏の研究においても、野方領旅宿負担領中平等化の説明の中で示されている。しかし、先に示した江戸の町方にかかってくる御鷹御用宿のことを考え合わせれば、これは単純な領中平等化の争論ではなく、町にかかってくる鷹野役の在方への拡大を求めたものにほかならない。それでは、この平等化の流れはどう展開してゆくことになるのであろうか。

野方領においては、安永期に旅宿負担の公平化運動が進んでゆくこととなる。

〔史料17〕

安永九年

御出役様方御定宿村町連印御請印帳

子八月

中野筋御拳場村町一同ニ奉願上候、野方領御場所御掛り御出役様方御旅宿之儀領内村町高割を以御廻りニ茂御旅宿可被仰付候処、私共勝手ニ付御願申上置、先年ゟ下高田村百姓久左衛門と申もの方江相対仕、御用状持出等ニ御遣被成候水夫人足助合之儀、甲乙無之様ニ領内一同高割を以助合為致相勤来り候処、此度久左衛門儀家財取仕舞、下高田村を退散仕候間、御旅宿難相勤奉存候訳合当七月中中野村触次名主卯右衛門、下高田村名主六兵衛・同吉右衛門幷右久左衛門・親類嘉右衛門と申者連印仕、御出役様方江御願申上候ニ付、私共を御出役様方被召呼、御旅宿之儀如何相定候哉之旨被仰聞候ニ付、領内之者共打寄一同相談之上、此以後下高田村百姓清右衛門と申者江御定宿為相勤候ハヽ、村町之者共勝手ニ茂相成申候間、何卒右清右衛門江御出役様方御定宿被仰付被下置候ハヽ、私共村町一同ニ難有仕合ニ奉存候、以上

安永九年子八月

中野村名主卯右衛門
（ほか七八町村名主連印）(54)

〔史料17〕では、従来「御場所御掛り御出役様方御旅宿」を領内高割にて順に務めていたものを、先年から下高田村百姓久左衛門に依頼することになり、その水夫人足などについて領内高割にて助け合って来た、とある。ところが、久左衛門が村を退散となり、跡役については、領内一同で相談し、同村の清右衛門に頼む旨が記されている。ここから、まさに大石氏が指摘している通り、鷹場役人の宿泊費用が、野方領内村町の問題として扱われていることがわかる。(55)同年には野方領旅宿組合が結成され、遠近によって差がありつつも旅宿負担を領中で請け負う体制が築かれていくことになった。(56)以後、この負担体制は、旅宿が交替することはあったものの、(57)幕末まで維持されてゆくこととなった。内藤新宿も、野方領の一宿として、この旅宿組合に参加している。(58)

しかし、こうした野方領の旅宿負担領中平等化の流れにおいて、御鷹御用宿の負担体制に変化はなかった。

〔史料18〕

一、御支配御役人中様方、関東御取締御出役様方、一ト通之御休泊之分幷御鷹方様、町御奉行様、火附盗賊御改様御組衆中様御休泊之分、又者是迄大間口旅籠屋ニ而勤来候御休泊之分共、何連茂大間口旅籠屋順番を以相勤可申事

但御鷹方様上り御休泊之分者是迄之通中町旅籠屋七軒幷下町之内伊豆橋屋庄次郎共都合八人ニ而相勤可申、左候得者自然御鷹方宿之分、大木戸寄旅籠屋辰巳屋多七外三人勤不足ニ相成候姿眼前ニ付、右勤不足之分者右四人ニ而割合出銀いたし、勤過之旅籠屋江相渡可申事(59)

これを見ると、天保十五年（一八四四）時点、鷹方役人の宿泊費用について中町・下町の大間口の旅籠屋が中心となってこれを負担していることが確認できるのである。一方で、安永期以降、内藤新宿の御鷹御用宿について、下高田村の旅宿負担のように、野方領中からの出銭による助合が行われたとする史料は見られない。つまり、寛延～安永期に野方領では鷹場役人の宿泊費用について、御場所は一体の論理で領中平等化が図られるものの、江戸周縁部の村町がもつ御鷹御用宿の負担については及んでいないことが確認される。(60)

またこうしたことが、内藤新宿に限ったことではないことは、前掲の通り、麻布領に属し、町並地である飯倉六本木町が御鷹御用宿の負担を単独で請け負っていることからも明らかであろう。

それでは、何故、江戸周縁部の町村ではこうした二重の旅宿負担を請け負う体制が継続したのであろうか。

〔史料19〕

本所入江町家持惣代庄太郎・家主惣代左七奉願候、右町内之儀場末ニ而見世商ひ無数、元禄度本所起立之節ゟ料理茶屋・水茶屋渡世之者罷在漸取続候店々、五ヶ年以前寅年引払被仰出候後、明地明店多分出来、必至与難渋仕候処、右町之儀竪川通横川ニ而、奥川筋高瀬船其外旅船参着之砌、掛り場宜敷候得共、荷主幷船頭水主共止宿仕候宿無御座候ニ付、此度右船宿渡世相始、止宿為仕候ハヽ、彼等も安心、於町内茂一助相成、大勢之者莫太御憐愍之程難有、然ル上者小松川筋御成之節、千住宿旅籠屋同様御鷹御用宿相勤申度、是迄竪川通炭薪元問屋其外商人共、右宿幷御下宿相勤候者内実難儀仕候由、先年三之橋近辺商人共少々不行届等有之候風説、右御場所千住宿ゟ道法多分ニ付、入江町之者相勤候ハヽ、御弁利可然哉、右願之通被仰付被下候様相願之申候、右願訴状壱通御下ヶ被成、夫々取調可申上旨被仰渡候間、願人幷最寄町々相調、左ニ申上候

右願人

本所入江町家持
庄太郎
（ほか一名略）(61)

〔史料19〕は、弘化三年（一八四六）、本所入江町の家持庄太郎が、小松川筋御成のさいの御鷹御用宿を務めることを条件に、船宿渡世の許可を願い出たものである。本所入江町は「町方書上」(62)によれば、家数一八〇で、その内訳は家主一四、地主八、地借一九、店借一三九であった。地借・店借が多数を占める典型的な江戸場末地域と言える。

同町家持宗太郎らは、同町が天保十三年（一八四二）に料理茶屋・水茶屋の引き払いを命じられて空地空店が増え、大変難渋しているので、船宿渡世を行うことを願い出ている。ついては、小松川筋御成のさいの御鷹御用宿を、難儀している竪川通炭薪元問屋そのほか商人どもに代わり、千住宿同様に務めたいとした。しかし、結局この願書は、取り下げられることになる。

ここでは船宿渡世という一つの権利を得るための交換条件として御鷹御用宿を務めることを主張している。将軍の御鷹につながる同宿の負担を務めることは、こうした訴願のさいの有効な手段となりえたと思われる。それは、たとえば、元禄十五年（一七〇二）に深川猟師町八ヶ町の名主たちが連名で、将軍への「御菜御肴」の献上、多くの舟役を務めたことを理由に新地奉行に家作の許可を願い出て許されていること(63)や、天保七年（一八三六）に成立する四谷新堀江町で、町並家作の認可を獲得するための関係役所などへの裏面工作などにおいて、同地で栽培していた茄子苗という公儀上納物を前面に出す論法が有効性を発揮していた(64)という、類例からも窺われるであろう。

つまり、江戸の町の論理の中では、御鷹御用宿を務めるということも利権を引き出す一手段と認識されていたと考えられる。先の「宝暦現来集」の記述に見られるように、内藤新宿の飯盛女の設置と御鷹御用宿が結びつけられて巷間に上る背景にもそうした認識があったものと思われる。

そうした中でまさに江戸周縁の村町地域においては、御鷹御用宿＝江戸の町方のものとして、同地域の都市化が進む中で、鷹場一体化論理に収斂させることなく、二重負担となっても存置されていたと考えられる。

おわりに

以上、本章では、村にかかってくる役としての旅宿負担および町方の役である御鷹御用宿に着目し、その賦課―負担の形態およびその形成過程について分析した。

第一節では、主に世田谷領を事例とし、御用人足と旅宿負担ではその枠組みが異なることを明らかにした。つまり御用人足のみは「鷹野役」と認識され「領」体制が維持されるが、旅宿負担については明和期に関東郡代伊奈氏のもとに領中役化が図られるものの、実態としては機能しえず、各御場所ごと（駒場原・玉川）の負担枠組みが形成されるのである。

これまで旅宿負担と御用人足は「鷹場役」としてひとくくりにされてきたが、こうした理解は改められるべきであろう。この両役は同レベルにおいて鷹野役でありえず、したがって鷹場の一体化論理を体現するものではないのである。むしろ旅宿負担の枠組みが御成御場所ごとに形成されていることは、江戸廻りに存在する御成御場所の不均質性（筋・領に編成されていても、そこに御場所が均等に存在するものではなく、またその御成回数も多寡が生じる）を考えれば、むしろ地域の差別化をもたらす論理となっていたと言えるのではないだろうか。

次に第二節では、江戸町方の役としての御鷹御用宿の実態を明らかにし、その上で村町双方の旅宿負担がかかってくる江戸周縁地域においては、鷹場一体化の論理が貫徹していない実態を示した。幕府は、江戸周縁部の町並地も鷹場組合村―御拳場として編成したのは、そこが年貢地であるからである。大石氏の論に立てば、都市化の進む同地域を地域編成の対象とすることで、他の村々同様に一体化・均質化する狙いがあったということになるであろう。

しかし一方で、幕府は江戸の町方には御鷹御用宿などの独自の負担を課しており、江戸周縁地域はこうした負担が混在することとなった。そこでは、鷹場役人の宿泊御用という同じ内容の負担でありながら、町方（御鷹御用宿）・村方（旅宿負担）として峻別され、担われていたのである。そしてこの差異は、野方領の場合、寛延～安永期における領中の旅宿負担平等化の流れの中でも解消されず、幕末期まで存続してゆく。鷹場一体化論理も村と町の論理を乗り越えるものとはなりえず、旅宿負担の存在によりむしろ町方と村方の差が浮き彫りとなっているのである。

筆者は、江戸幕府が鷹場制度による地域の一体化を志向していたこと自体には首肯する。しかし、本章での分析によって明らかなように、地域における作用としては均質化・一体化を及ぼしておらず、むしろ差別化を生み出す論理となっていたのである。

註

（1）桑原功一「寛政期御鷹野御用諸役賦課系統の再編過程―戸田筋を中心に―」（『足立区郷土博物館紀要』二一、一九九九年）。

（2）太田尚宏「御鷹野御用組合の形成・展開と地域」（関東近世史研究会編『近世の地域編成と国家―関東と畿内の比較から―』岩田書院、一九九七年。のちに太田『幕府代官伊奈氏と江戸周辺地域』〈岩田書院、二〇一〇年〉に収録）。

（3）『新修 世田谷区史』上巻、四三七～四三八頁。

（4）『目黒区史』二五三～二五四頁。

（5）しかし、この期間に清水家の御出がなかったというわけではない。文政期に玉川「御出」の記事も見える（『世田谷区史料叢書』四、二四五頁など）。そうなると、わざわざ御三卿鷹場を朱引きする意味がわからなくなる。天保五年の清水御借場再置には、この時期の政治的な要因が関わってくるということになるが、この問題については別稿を期したい。

(6)　表中、下祖師谷村の才料平右衛門とあるのは、人足の請負人のことである。人足を雇い、後で村々からその給料を回収する。また、この平右衛門にも一定の才料給が支払われている。
(7)　佐野家文書（足立区立郷土博物館保管）O五一。
(8)　前掲註(7)佐野家文書O六二　寛延二年十二月「①小目録（鶉番人足）②巳年駒場原鶉御場拵人足小目録帳」、同O六六　寛延三年五月「巳年駒ヶ原鶉御場所拵御用人足仕上ヶ小目録」。
(9)　押立町有文書（府中市郷土の森博物館保管）E三―Ⅱ―一　宝暦三年酉正月「申年諸役村入目帳　押立新田共」。
(10)　桑原功一氏は、前掲註(1)論文の中で、戸田筋において、御鷹野御用人足賦課は、鳥見―鳥見手附―戸田筋（『戸田領』―『峡田領』）／もしくは『戸田領』『峡田領』）というルートで賦課され、江戸城上納御用役については、関東郡代（兼帯勘定奉行）―鷹野役所―各触次―各『領』という賦課ルートが採られていたとされる。ここから、寛政期以降、御用人足は、鳥見による筋を基礎とした単位に編成されていったとするが、世田谷領では、筋・御場外の垣根を越えて「領」単位に負担がなされており、「戸田筋」とは異なった様相をみせている。この差異はいかなる理由によるのであろうか。今後の検討課題の一つである。
(11)　旧荏原郡太子堂村名主森家文書（世田谷区立郷土資料館受託）E―二―一五　弘化四年正月「御用留」など。
(12)　前掲註(9)押立町有文書A五―一。
(13)　旧荏原郡上野毛村名主田中家文書（世田谷区立郷土資料館受託）A―七―二五　天保十二年十一月十九日「八月廿七日右大将様玉川筋瀬田村河原江為成候一条割合」）。…（　）は筆者。
(14)　『世田谷区史料叢書』六、三三一～三三三頁。
(15)　前掲註(11)森家文書E―二―一三　天保十五年正月「御用留」。
(16)　前掲註(2)太田「御鷹野御用組合の形成・展開と地域」。
(17)　『世田谷区史料叢書』六、七五頁。
(18)　『世田谷区史料叢書』五、四二一頁。
(19)　前掲註(11)森家文書E―二―一五　弘化四年正月「御用留」。
(20)　『世田谷区史料叢書』五、二六二頁。
(21)　境・秋本家文書（秋本誠一氏所蔵）A三―四　天保十五年二月「右大将御成御用諸経費組合村々平均足銭方歎願書」。

(22)『世田谷区史料』三、一五〇頁。傍線筆者。
(23)『世田谷区史料』三、一五〇頁。
(24)世田谷代官大場家文書（世田谷区立郷土資料館受託）六―A―三。
(25)『世田谷区史料叢書』五、二二四頁。傍線筆者。
(26)『世田谷区史料叢書』五、二二四頁。傍線筆者。
(27)『目黒区史』資料編、一九六二年、三〇二頁。
(28)井上攻「増上寺領村々の由緒と諸役免除闘争」（『日本史研究』三二四、一九八九年）。
(29)『郷土資料室所蔵史料目録一』（目黒区守屋教育会館郷土資料室、一九八三年）四一～四四頁。傍線筆者。
(30)『世田谷区史料叢書』五、一九頁。傍線筆者。
(31)天明八年八月「玉川魚猟御成之節御用留帳」（前掲『世田谷区史料』三、二五二頁）によれば、このときの御成は順延となっており、実際には行われてはいない。玉川の御成は数が少ないが、ここでは、明和期の原則を指したものと思われる。
(32)『世田谷区史料叢書』五、二二五～二二六頁。
(33)卯右衛門は野方領の触次、啓次郎は馬込領触次、清右衛門は府中領の触次でもある。世田谷領内の鷹場負担をめぐる争論の決着に、近隣の領の触次が関わったということは興味深い。済口証文の決定が、これらの領の負担システムに影響を与えたことも考えられるところである。
(34)『世田谷区史料叢書』五、三九～四一頁。傍線筆者。
(35)根崎光男『将軍の鷹狩り』（同成社、一九九九年）一四八頁。
(36)大石学『享保改革の地域政策』（吉川弘文館、一九九六年）一九七頁。
(37)小國喜弘「幕末江戸周縁部の町・町名主に関する一考察―『辻氏御用留』の分析を中心に―」（『論集きんせい』一二、一九九〇年）。
(38)前掲註(35)根崎『将軍の鷹狩り』一〇七頁。
(39)『重宝録』三（東京都、二〇〇二年）、一〇頁。
(40)「宝暦現来集」一（『近世風俗見聞集』三〈国書刊行会、一九七〇年〉三三頁）。

(41)「右同断、勤方幷先年被仰渡等之儀、御尋之事」（『近世交通史料集　三 御伝馬方旧記』七九八～七九九頁）。傍線筆者。
(42) 蘆田伊人編集校訂『大日本地誌大系　③御府内備考』（第三巻、雄山閣出版、二〇〇〇年）四八頁。
(43)『江戸町触集成』一三（塙書房、二〇〇〇年）、一〇九～一一一頁。
(44) 実際に木挽町五～七丁目が「所役」として負担している例もある（『大日本近世史料』市中取締類集一一、一四三～一七四頁）。
(45)『大日本近世史料』市中取締類集二、二二五～二二七頁。
(46)「町方書上」（国立国会図書館所蔵、八〇三―一）。
(47)「町入用書上」（国立国会図書館所蔵、八〇六―一）。
(48) 東京都公文書館編『都市紀要二九　内藤新宿』（東京都生活文化局広報部都民資料室、一九八三年）。
(49) 武蔵国多摩郡中野村名主堀江家文書（首都大学東京図書館所蔵）F二一二 天保七年八月「去未八月ゟ当申七月迄御場拵御用人足村訳小目録帳」など。
(50)『新宿区史　資料編』二三二頁。
(51) 前掲註(49)堀江家文書F一七五。
(52) 武蔵国豊島郡角筈村名主渡辺家文書（慶應義塾大学古文書室所蔵、新宿区立新宿歴史博物館複写所蔵）G一四。傍線筆者。
(53) 前掲註(49)堀江家文書F一七三。傍線筆者。
(54) 前掲註(49)堀江家文書F一七七。
(55) 前掲註(36)大石『享保改革の地域政策』一八三頁。
(56) 前掲註(49)堀江家文書F一七八「御旅宿村町組合連判証文」。
(57) 文化十三年（一八一六）、下高田村名主六兵衛方から中野村名主卯右衛門方へ定宿が替わっている（前掲註(49)堀江家文書F一八一・一八二）。
(58) 前掲註(56)。
(59) 内藤新宿高松家文書（東京都公文書館所蔵）五〇四 天保十五年二月「旅籠屋議定帳」。
(60) もちろん、宿場である内藤新宿が、御用宿を務めるのは当然とする批判はあると思われる。しかし、前節で明らかにしたように、御鷹御用宿という負担は、宿場だけでなく、御場道筋にあたる町々にも課されていた負担であり、一般の御用宿とは分けて考える必要があると思われる。

(61)『大日本近世史料』市中取締類集二、一二三〇〜一二三二頁。

(62) 前掲註(46)。

(63) 吉原健一郎「水の都・深川成立史」(深川文化史研究会編『深川文化史の研究』下、東京都江東区総務部広報課、一九八七年)。

(64) 安藤優一郎「四谷新堀江町の成立」(『日本歴史』六〇六、一九九八年)。

第二章　御三卿鷹場と地域

はじめに

本章では、前章に引き続き、近世後期の鷹場制度が江戸周辺地域でどのような作用を引き起こしていたのかを検証していきたい。事例として、御三卿鷹場を取り上げる。

大石学氏の論では、江戸城から五里四方の地は将軍家の鷹場＝御拳場として編成されたとしている。そこでは、将軍の鷹狩に関わる人足役や、鷹場役人の宿泊負担、さらに江戸城上納役が賦課された。そして、以後ここに含まれた地域は、「御鷹場一統之事」という鷹場法度の文言に見えるように、複雑な所領支配の枠を乗り越えて、一体化・均質化していったとする(1)。

しかし、一方で、御拳場には、将軍家の鷹場だけでなく、御三卿の鷹場や、御三家などの恩借鷹場が設定されていたことが明らかにされている(2)。御拳場の中に重層的に配置されていく御三卿鷹場や、御三家の恩借鷹場の存在をどう考えればよいのだろうか。

幕府が鷹場を通じて、地域の均質化を志向したとするならば、なぜこのような重層的な配置を行ったのか。また、地域の側は、このような重層的な鷹場の配置により、どのような影響を受けていたのだろうか。本章では、御三卿鷹場において、それを将軍家鷹場とは分けて別の御場所とする認識が生まれ、結果として鷹場を通じた差別化の作用が生み出されていたことを明らかにしてゆきたい。

それではまず、御三卿鷹場とはいかなるものであったか、先学の研究から明らかにしていく。御三卿の鷹場については、すでに根崎光男氏(3)によって研究が進められている。それによれば、御三卿の鷹場は、将軍から拝借した鷹場という意味の「御借場」という形をとり、御拳場の内に重層的に指定されていた。そして、御三卿はこの御借場において、鷹場の支配権を持たず、放鷹権のみ行使していたという。ゆえに御三卿御借場の運営は、ほぼ将軍家鷹場制度の枠内にあり、御三家鷹場のように一定の自立した存在ではなかったとされる。さらに、御借場という性格上、御三卿の家政事情でたびたび幕府に鷹場を返上する例が見られたという。この御三卿鷹場の拝領年・返上年、場所などを示したのが表16である。なお、田安家と一橋家は、それぞれ独立した鷹場が与えられず、両家の共有という形となっている(4)。

さらに、御三卿鷹場においては、将軍家鷹場のように独自の廻状ルートを持つことなく、それまでの御拳場内廻状伝達体制に依拠し、幕府役人である鳥見役の庇護のもとで、御借場の支配が図られていたのであった(5)。

総じていえば、御三卿鷹場は、御拳場の中に重層的に設定され、将軍家鷹場の支配組織によって管理されているものであったということになる。しかし、こうした視点はあくまでも支配者側からのものであり、御三卿鷹場に設定された村々(地域)が、それをどのように認識していたのかは不明である。また、将軍家鷹場と御三卿鷹場とが相互にどのような影響を与えていたのかについては明らかにされていない。御三卿鷹場が存在することによって、将軍家鷹場にはどのような影響があったのだろうか。本章では、こ

表16　御三卿鷹場の拝領年・返上年

	田安・一橋両卿御借場	清水御借場
拝領年	元文３年	宝暦13年・天保５年
返上年	天保13年	寛政２年・天保14年

註　根崎光男「御三卿鷹場の成立とその性格」(三浦茂一先生還暦記念会編『房総地域史の諸問題』国書刊行会，1991年)，天保15年２月「右大将御成御用諸経費組合村々平均足銭方歎願書」境・秋本家文書Ａ３―４，『大田区史資料編』北川家文書１，153頁より作成。

のような研究視角に立ち、清水家の御借場を例にとり分析を進める。

一　宝暦～明和期の旅宿負担領中役化

1　御借場の成立と世田谷領

清水徳川家は、九代将軍家重の二男重好から始まる。御三卿の中では最も成立の遅い家であった。宝暦十二年（一七六二）には武蔵・上総・下総・甲斐・大和・播磨・和泉の七ヶ国から一〇万石の賄料を拝領している(6)。

清水御借場は、翌宝暦十三年に下賜され、その場所は葛西筋の八条領、岩淵領、目黒筋の世田谷領に属するおよそ一〇〇ヶ村の地域で、総石高は三万石であった(7)。清水家に賄料が与えられた翌年に鷹場拝借となったことを考えると、領地拝領―鷹場拝借は一連のことと思われる。

では次に、世田谷領のどの村がこの御借場に設定されていたのかをみてゆきたい。まず、世田谷領は御拳場の中で最も西方に位置し、鳥見の支配管轄では目黒筋に属した。『新編武蔵国風土記稿』によれば村数は六〇ヶ村で、ほぼ半数ずつが荏原郡と多摩郡に属している。そして、文化期以降は、下北沢村組合・深沢村組合・猪方村組合という三つの鷹場組合村に編成されていた。実際に将軍が御成する場所としては、駒場原と玉川御場所の二ヶ所が存在した。

宝暦十三年、世田谷領の中で表17に見える村々（二二ヶ村）が清水家の御借場に指定された。この村数は、領全体のおよそ三割にあたる。またこのとき、村々に出された触書の中で、世田谷領の世田

表17　世田谷領清水御借場村々（宝暦期）

三宿，太子堂，若林，松原，世田谷，弦巻，用賀，野良田，深沢，奥沢，尾山，石川，奥沢本，衾，野沢，下馬引沢，瀬田，上野毛，下野毛，等々力，上沼部，下沼部

註　『世田谷区史料叢書』1，293頁より作成。

谷村名主政右衛門、等々力村名主新五左衛門が、獲物としての鳥をあらかじめ飼育する御雇綱差に任命されたことが記されている。(8)

2 負担の領中役化

では、清水御借場が指定されることにより、地域ではどのような問題が生じていたのであろうか。以下、世田谷領の中で負担の公平化をめぐって生起した争論を分析していきたい。

〔史料1〕

宮内卿様御場所御出役方旅宿、領内割合ニ相成候事

一、宝暦拾三年未十月ゟ、御借場ニ被仰付、御場附九ヶ村ニ而御出役方御旅宿之儀、未申二ヶ年相勤候ニ付、一日之雑用銭五百文宛之積ニ、奥澤村割元喜助方ゟ割出、領内江一同ニ助合可申旨割出され候処、右九ヶ村之外、霞之村ニ者右之割合助合申候義、決而罷成不申候、併御場所内相列候得者、向後ハ惣村石高ニ而、銭弐拾貫文之助合被出候由、粕谷村割元吉郎兵衛之扱ニ而、右九ヶ村江申聞候処、奥澤村喜助頭取ニ而、御支配伊奈備前守様へ罷出、御威光を以、右両年之雑用領内助合致し、又其上、向後も旅宿入用高ヲ不限、領内一同助合ニ仕、是又奉願候与、世田ヶ谷村大吉方江、九ヶ村寄合評議仕候処、衾村ゟ重郎左衛門、清兵衛参リ申候ハ、御支配江罷出儀不宜、右又々候間、一先差扣候而可然候、尤右両年分之入用助合不申候義、無道理義ニ候得共、右両年之儀、霞之村々江、先達而旅宿助合之相談無之候得者、此義達而難申、殊更向後弐拾貫文之助合可致与有之候得者、御支配江罷出候事無用ニ致シ、又此上ニも了簡も可有之候与申候得者、世田ヶ谷村政右衛門被申候者、衾村被申候処尤成儀御座候者、両年之雑用潰ニ致候義、如何敷候得者、此義、御支配迄も申上度候得共、一先差扣候ハヽ、

又々了簡人も可有之候間、兎角差扣見合可申旨被申候ニ付、暫見合居候所、又々粕谷吉郎兵衛、宇奈根村市郎兵衛両人之扱ニ而、右廿貫文ニ拾貫文相増、三十貫致シ助合可申由御座候ニ付、双方和睦仕候、然処其後御出役被申聞候者、右旅宿ニ附、村々操合度々ニ候得者、自今以後者、駒場御場所与宮内卿様御場所与一同助合候ハハ、自今以後、互ニ操合無之可然由、伊奈備前守様御意之由、相給致シ、四ヶ領一同ニ助合可申儀ニ与被御申渡候ニ付、御意ニ御座候得者、一旦ハ右助合ニ相成候得共、四ヶ領之助合ニ而諸御用之儀ニ御座候得者、此儀難相勤、又々領切ニ助合申候様ニ与御支配江奉願上候(9)

この史料は、天明元年（一七八一）「村由緒幷諸色控帳」の一部分である。後年の史料であるが、宝暦～明和期の清水御借場のことがわかる唯一といってよい史料である。これによれば、当初は御場附九ヶ村といわれる村々で負担をしていたが、その一村である奥沢村は、一日五〇〇文ずつの計算で世田谷領内一同に助成を求めた。これに対して、清水家御借場に指定されながら負担を負っていなかった村々は、粕谷村触次吉郎兵衛を立てて、それを拒否した。しかし清水御借場に組み入れられてはいるので、まったく負担をしないわけにはいかず、今後は「惣村石高」で銭二〇貫文の助成を九ヶ村側に申し入れた。九ヶ村側では、これに対し、両年の雑用銭の助成および旅宿入用高に限らない「領内一同助合」を願い出ようと考えたが、実際、訴訟には及ばなかった。最終的には、粕谷村吉郎兵衛と宇奈根村市郎兵衛両人の扱いで、先の二〇貫文に一〇貫文を増し、三〇貫文を助成すると申し入れてきて、それで決着している。

この争論で重要なのは、①御借場に指定された村々がありながら、当初は、御場附九ヶ村という御成御場所周辺村のみで旅宿負担が担われていたこと、②領内助合という形で領中の村による負担が実現していることである。

つまり御借場が設定された当初は、実際に鷹狩が行われる場所＝御成御場所の近辺村々によって、限定的に旅宿負担が担われていたが、世田谷領による助成＝領中役へと変化していっているのである。これは、次の史料によっても裏づけられる。

〔史料2〕

相定申証文之事

一、玉川魚猟御場所幷御旅宿幷宮内卿様御旅宿・大蔵卿様御旅宿、右三御場所之義は世田谷領之内御立場有之候処、此度四ヶ領組合致候様ニ　伊奈備前守役所ゟ被仰渡候、依之世田谷領一同右組合難義之筋御座候ニ付御免御願申上候、然上は世田谷領之義は村々組合候而は苦敷かるましく候事故、只今ゟ組合ニ相成、右三御場所御旅宿之義ハ不及申、此後新規御場所世田谷領内何方ニ出来致候共、是又一同ニ組合相勤可申候、自今已後此義相互ニ毛頭相違仕間敷候、為後日相定証文連印仍如件

明和五子年九月

世田谷領
三十六ヶ村(11)

本史料は、明和五年（一七六八）九月に、玉川御場所の旅宿負担について定めた証文である。これによれば、世田谷領内にある玉川魚猟御場所と旅宿・清水家御旅宿・一橋家御旅宿の三御場所について、府中・品川・馬込・世田谷の四ヶ領で組合を作るように、伊奈役所より命じられたが、世田谷領村々は、それを難儀として世田谷領一領で組合を作ると述べている。この史料から世田谷領は、明和五年以降、三御場所および新規御場所についての旅宿負担を領中一体となって請け負うようになったことがわかるのである。

ここでも重要なのは、傍線を引いた箇所の三御場所という表現である。宮内卿（清水家）・大蔵卿（一橋家）という御三卿御出のときの旅宿負担を「御場所」として捉え、それを将軍家鷹場の玉川御場所と並列に捉えている。つまり、

御三卿鷹場は御拳場内に重層的に設定されていたわけであるが、それは御拳場内の御成御場所（御場所）の一つとして、幕府からも地域の側からも捉えられていたことが知られるのである。

その上で、この史料からは、伊奈役所のもとで、世田谷領内にある各御場所の旅宿負担について、四ヶ領に広域的な負担方式が指示されていることが注目される。これは、より安定的な負担の枠組みを作ろうとしたものと推測される。しかし、先にも記した通り、世田谷領では、一領による組合が志向されることになり、以後、新規の御場所ができても、これを一同に組合で負担することとしている。

この宝暦～明和期の動向からは、御三卿鷹場の一つである清水御借場は、御拳場内の一つの御場所として認識され、当初の御場所近辺村々（御場附）による負担から、世田谷領一領による負担へと変化していったことが看取されるのである。

この時期の動向だけを見れば、大石氏らの説く、鷹場による地域の一体化・均質化という説も首肯できよう。ただし、そこで見逃すことができないのは、伊奈氏が果たした役割である。太田尚宏氏の研究によれば、幕府は鷹狩に関する役割の一部を「掛り御用向」の一つとして伊奈氏に担わせていたとされる(12)。そのため、寛政期に伊奈氏が没落した後、鷹場制度は大きな機構変革を迫られることになる。それは、鷹場制度における伊奈氏の存在の大きさを示すものであり、本事例でも伊奈氏が負担の各領分担をめぐって重要な役割を担っていることは明白である。とすれば、伊奈氏没落後の状況はどうなるのであろうか。次節ではそれを見ていきたい。

二　天保期の御借場再設置と争論

清水家では、寛政元年（一七八九）に倹約を理由として鷹場を幕府に返上している。[13]そして、約半世紀後の天保五年（一八三四）になって再び鷹場を与えられた。[14]しかし、天保十四年には倹約を理由として再度返上している。[15]本節では、天保五年に御借場が再置された後の清水御借場の動向について検討していきたい。[16]

1　御借場の再設置と世田谷領

天保期に目黒筋で清水御借場に設定されたのは、品川・馬込・世田谷の三領・五組・六四ヶ村であった[17]（世田谷領の構成は、表18参照）。そして、目黒筋の鳥見より村々へ出された触書により、御借場内で人足を調達し農民組織を統轄する肝煎役として、猪方村名主で同組合触次役でもある善次郎が任命されている。[18]

世田谷領だけを見ると、御拳場内の五〇ヶ村が御借場に組み入れられた。宝暦期と天保期を比較すると、御借場に指定された領域は拡大している。宝暦期には、世田谷領のうちでも東部・東南部に位置する荏原郡の村々によって構成されていたが、天保期に入ると、猪方村組合や粕谷村組合など領の西部・西南部の多摩郡の村々も含まれるようになっている。御借場領域が世田谷領全域へと拡大されていったことが知られる。

表18　清水御借場世田谷領組合村構成表

組合村名	村名	村数
猪方村組合	駒井，岩戸，和泉（三給），上野，覚東，小足立，入間，八幡山，喜多見，宇奈根，大蔵，横根，岡本，**鎌田**，**瀬田**，**上野毛**，**野良田**，尾山，**用賀**，**弦巻**，**世田ヶ谷**，**新町**，猪方，**下野毛**	24
深沢村組合	**深沢**，**等々力**（二給），**下野毛**，**上沼部**，**下沼部**，**石川**，**奥沢本**，**奥沢**，**衾**（二給）	9
粕谷村組合（内分組合）	粕谷，廻リ沢，船橋，上祖師ヶ谷，下祖師ヶ谷，赤堤，経堂在家	7
下北沢村組合	**下北沢**，**代田**，**松原**，**太子堂**，**三宿**，**野沢**，**若林**，**上馬引沢**，**中馬引沢**，**下馬引沢**	10

註　旧太子堂村森家文書（世田谷区立郷土資料館受託）「清水宮内卿様御借場一件控」（『世田谷区史料』4，365〜366頁）より作成。
　太字は，宝暦期にも御借場に指定された村。

ただし、世田谷領のすべての村が含まれているわけではなかった。下北沢村組合では、中野筋に属する六ヶ村と、池沢・池尻の計八ヶ村が外されている(19)。つまり、あくまで目黒筋の中に限定して線引きが行われていたのである。

2　下北沢村組合議定

世田谷領では三つの鷹場組合村の一つである下北沢村組合で、次のような議定が交わされた。

〔史料3〕

為取替申議定一札之事

一、今般世田ヶ谷筋村々、清水宮内卿様御借場ニ相成候ニ付、当組合村々江　御出御沙汰有之候処、右御膳所・御小休・御旅宿等諸賄之義、先年世田谷領之内ニ而拾弐ヶ村相除割合相勤来候、然ル処、此度一同相談之上、御場所有之候触次之組合村々ニ限リ、持切相勤可申旨取極申候、右ニ付、当組合村々議定左之通

一、御場所御用人足之儀者、当組廿九ヶ村之内、中野筋江組合御場五ヶ村、御場外五ヶ村都合拾ヶ村之儀者重役ニ相成候故、御懸リ御鳥見様御懸合之上村高相除、残御借場内拾九ヶ村ニ而村高ニ割合、無甲乙相勤可申事

但池尻・池沢両村之義ハ　御本丸御場ニ而、御借場外ニ候得共、水夫之義者七ヶ村より左之通差出候ニ付、御場人足之義一統割合可申事、

一、田さくり其外道〆切人足等之義ハ、其村々ニ限リ、村切相勤可申事

一、御膳所御小休幷御捉飼御旅宿焚出等之儀者、組合拾九ヶ村之内、駒場原定式御旅宿相勤候拾弐ヶ村相除、七ヶ村ニ而取極可申事、勿論右拾弐ヶ村之内、前条之御用有之節者、七ヶ村ゟ惣代壱両人立合相賄可申、幷右御用有之節者其村ゟ日限通達可致事

一、御用人足幷諸賄向之儀者、今般前条之通、相勤候趣、取極候上者、向後　御三卿様・御三家様方御借場ニ相

成候共、前同様取賄可申事
一、駒場原御旅宿向之儀ハ、向後何程相嵩候共、前々ゟ拾弐ヶ村ニ而持切取賄来候通、七ヶ村江決而相懸ケ申間敷候事
前書之通、今般立合之上、議定取極申候、然ル上者、已来急度相守可申候、若相背候者、其節被　仰立候共、一言之儀申間敷候、依之、為取替申議定一札如件
天保六未年十二月
（世田谷領粕谷村ほか一八ヶ村名主・年寄・百姓代連名省略）[20]

この史料でまず指摘したいことは、清水御借場が、一つの「御場所」として認識されていたことである。傍線部によれば、このたび「御場所有之候触次之組合村々ニ限リ、持切相勤可申旨」が取り決められている。この趣旨に基づいて、下北沢村組合で議定が交わされたということは、清水御借場自体を「御場所」とする認識があったことは明らかである。これは、宝暦～明和期と同様である。

次に指摘できるのは、役負担が複雑な体系となっていることである。まず、御借場の御用人足役については、御借場外の村々（中野筋に属する村・御場外の村）を除いた一九ヶ村で務めるとしている。これは、下北沢村組合には、清水御借場に設定されていない村も含まれており、それらを除くとしているのである。一つの組合村でありながら、御借場に設定された村とそうでない村が存在しているのである。旅宿負担については、将軍家鷹場の駒場原の旅宿負担を下北沢村を中心とした駒場原最寄り一二ヶ村で務め、一方で御借場の旅宿負担を粕谷村を中心とした七ヶ村で務めることとしている。そして、御用人足・旅宿負担については、今後新たに御三卿・御三家の御借場になることがあっても、同様に賄うこととしており、これが地域の中で一つの原則となっている。

総じていえば、下北沢村組合の中で清水御借場は一つの御場所として認識され、駒場原という将軍家鷹場の御場所との関係から各村の負担割当てが決められているのである。

この複雑な組合組織を図示したものが、図4「下北沢村組合概念図」である。まず、内分組合として、下北沢村ほか駒場原最寄村（一二ヶ村）が存在する。一方で粕谷村を中心とした村々（七ヶ村）があり、これが清水御借場の旅宿負担を担うことになる。そして、駒場原最寄村々のうち、池尻村・池沢村を除いた一〇ヶ村と粕谷村組合七ヶ村が、清水御借場に指定されている。さらにその外側に、御拳場外に位置する村（四ヶ村）、中野筋に属する村（六ヶ村）があり、下北沢村組合全体では、二九ヶ村となる。

このように、天保期の世田谷領の清水御借場においては、御拳場に清水御借場が重層的に指定された結果、鷹場組合村ですら一つの負担団体となりえず、複雑な負担体系となっていたのである。[21]

3　御借場をめぐる争論とその結末

天保五年の再設置後は、その負担割当てをめぐって、御借場に指定された村々の間で二度に及ぶ争論となった。この争論については、旧太子堂村森家文書の「清水宮内卿様御借場一件控」[22]という史料があり、膨大な記録が残されている。以下その争論の内容をまとめてみたい。

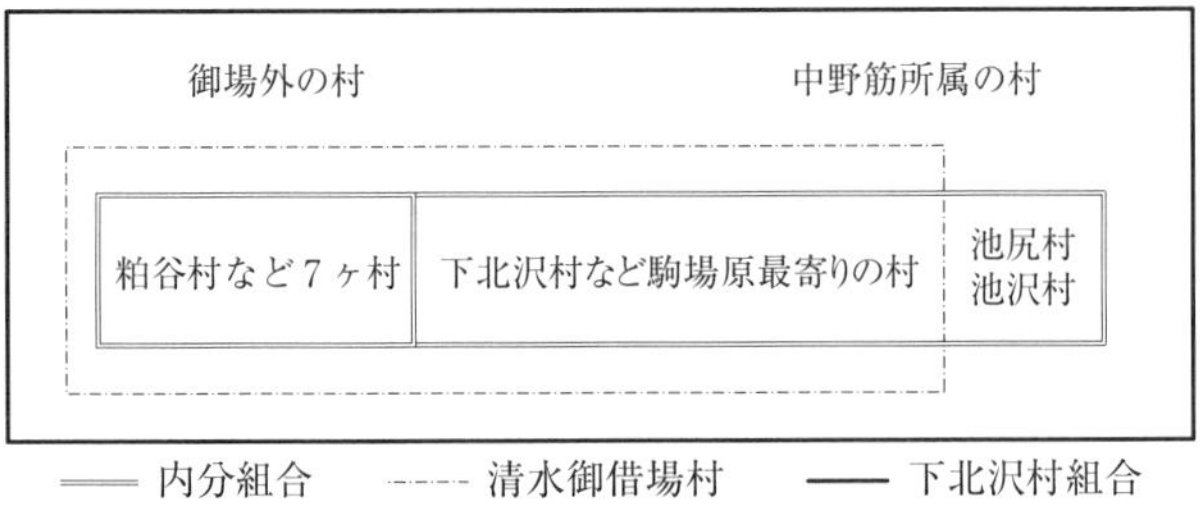

図4　下北沢村組合概念図

第一の争論は、天保九年（一八三八）十二月に発生した。品川領・馬込領・猪方村組合・深沢村組合と、下北沢村組合の内分組合である粕谷村組合の五組合村は、下北沢村組合(23)を相手取って出訴に及んだ。世田谷領の各組合村構成については前掲の表18を見ていただきたい。

〔史料4〕

此段先年世田ヶ谷領ニ而右下北沢村拾ヶ村并池尻・池沢弐ヶ村〆拾弐ヶ村、馬込領ニ而者上中下三目黒村谷山村四ヶ村合拾六ヶ村之儀駒場最寄ニ付、同所御場所拵御出役様御旅宿定式水夫相賄、私共村々之儀者　清水様御借場御出役様方御旅宿定式水夫相勤候筈、先前取極有之候義ニ御座候、勿論御出役様方御旅宿之儀者双方共同様相勤候義ニ而、御捉飼御鷹方日割之義者右御借場受村ニ而一同相勤可申筈相違無之、殊ニ近来　紀州様　御借場之儀　清水様　御借場村ヲ相除、世田ヶ谷領ニ而者池尻・池沢両村、馬込領ニ而者三目黒・谷山・碑文谷村、其外麻布領村々一同ニ被　仰出、其御筋諸人馬御旅宿賄等者、右駒場原御出役様御旅宿賄村々共一統割合申義ニ有之、左候得者孰□仕候共、下北沢組拾弐ヶ村、清水様御借場受候右組合之内、拾ヶ村ニ限、御鷹方賄不相勤謂無之義与乍恐奉存候、且又当時之姿ニ而者馬込・深沢両組合村計御出御用向并御捉飼共右両様相勤甚難儀仕候間、御出御場所ニ相成候節ハ、御捉飼日割御免被成下、下北沢拾ヶ村手明村々ニ而外村々一同割合被仰付候様奉願上候

右者私共義、御用向之義ニ付難渋申上候筋無之候得共、右様事柄相分り候儀、下北沢拾ヶ村而已御鷹方御宿割等受不申候而者、一同　御借場請候詮茂無之当組合村計ニ而相勤候成行候而者、同領同様之御用筋ニ而甲乙ニ相成難儀至極仕候間、何卒以　御慈悲下北沢組合拾ヶ村之儀、御借場御鷹方御旅宿日割之儀一同相勤候様被　仰付被下置度奉願上候、已上(24)

この史料は、品川・馬込領一四ヶ村の惣代である馬込村触次と、世田谷領四〇ヶ村の惣代である猪方村・深沢村の触次、粕谷村の名主によって鷹野役所へ提出された訴状である。

これを読むと、清水御借場の捉飼時の負担配分で、下北沢村組合の一〇ヶ村を除いていたのは、そこが実際に鷹狩が行われる「御出御場所」(25)に指定されていて、獲物となる鳥の飼付など、諸御用を務めていたことにあるとしている。ゆえに、品川領の一部・馬込領と、世田谷領の深沢・猪方の二鷹場組合、下北沢村組合内の粕谷村組合（内分組合）の五組五四ヶ村で御鷹方(26)・御鳥見方・御出役方の旅宿負担一切を務めることとした。

しかし、昨冬より馬込領と深沢両組のほうで「飼付」御用が命じられた結果、下北沢一〇ヶ村は今や「手明」になっている。それゆえ、馬込領・深沢組合の旅宿負担を免除して、残る村々で務めるか、または捉飼御用共に下北沢一〇ヶ村を含めた六四ヶ村で平等に務めるべきと主張したところ、下北沢側は、駒場原の「御場所捔御出役様御旅宿定式水夫」負担を、池尻・池沢を合わせた一二ヶ村で務めていることを理由に断ってきた。その根拠は天保六年（一八三五）の議定であった。しかし、下北沢一〇ヶ村のみが「御鷹方御宿割」を受けなければ、一同が御借場の負担を受ける理由もなくなって不平等となり、大変難儀である。ゆえに清水御借場の旅宿負担の一統負担を求めるとしている。

そして、興味深いのは、ここで紀伊家の恩借鷹場のことに言及していることだ。紀伊家の恩借鷹場は天保七年に与えられたものであり(27)、史料中にもあるように、清水御借場の村を避けて目黒筋の中で麻布領の村などが指定されている。そして、旅宿負担については駒場原のものも、紀伊家の恩借鷹場に関わるものも一統的に負担していることを述べている。この主張により、駒場原の旅宿負担を務めていることを理由に、清水御借場の旅宿負担を忌避する下北沢側の主張は根拠のないものとしているのである。

この訴えに対して、下北沢側は天保十年六月に返答書を提出した。(28) この返答書は長文のため、以下に免除理由の要点をまとめる。

①御拳場の一御場所である駒場原の旅宿負担を、世田谷領の中では最寄りである、下北沢一〇ヶ村および池尻・池沢村の一二ヶ村だけで務めているということ。

②宝暦期〜寛政期のさいも、旅宿負担を下北沢一〇ヶ村では務めたことがないということ。

③訴訟側では、飼付御用が深沢村組合・馬込領の担当になり、下北沢一〇ヶ村は「手明」状態になったことを理由として旅宿負担を求めてきているが、そもそも飼付御用を務めていることで負担免除となった先例はなかったこと。

④紀州家の恩借鷹場については、清水御借場と同列に論じることは無理であるということ。なぜなら同家鷹場は、当主の保養などのときに、当日だけ将軍家鷹場を拝借するものであり、また人足や旅宿負担については紀州家より触次や綱差などへも手当が出されているため、状況は清水家御借場の場合と全く異なっている。

総合するとこれらの免除理由の基底にあるものは、御三卿鷹場の旅宿負担は「領々触次組合限り」のものであり、全領的に負担するものではない、という既定事実である。これは〔史料3〕に見える。

この争論は鷹野役所に持ち込まれたのであるが、その後代官の中村八太夫の下で吟味されることとなった。そして天保十年（一八三九）六月、訴訟人の願書が棄却され、下北沢側の主張通り訴訟方村々だけで旅宿負担を請け負うことが決まった。そして、早速同年十一月から十二月にかけて、清水家御鷹方の廻村があったが、猪方村組合では旅宿負担を組合割にして村々に割り当てている。(29)

第二の争論は、下北沢村組合内の争いとなった。天保十年十二月、同組合の内分組合である粕谷村組合は単独で出訴したが、主張の内容は第一次のときと同じであった[30]。つまり、粕谷村組合が清水御借場の旅宿負担を下北沢一〇ヶ村に代わって請け負うのは、相手側が「宮内卿様御出村」であり、さらに駒場原の旅宿負担も務めていたからだとし、「御出御場所」が繰り替えになった以上は、旅宿負担は一七ヶ村一体で平等に務めるべきであるとした。

この訴状は、鷹野役所でなく勘定奉行に対して提出されている。そして、翌年三月二十五日に評定所で議論されることになった。これは、第一の争論について、鷹野役所が明確な判断を下さなかったので、今回は、直接に勘定奉行へ訴え出たものと思われる。

この訴えに対し、下北沢一〇ヶ村側も、前回争論とほぼ同内容の反論を行い、一〇ヶ村のうち松原村ほか四ヶ村は「御出御場所」ではなかったことを挙げ、「御出場所」であるかないかは旅宿負担とは無関係であり、本当の理由は駒場原の旅宿負担を一〇ヶ村で請け負っているからであるとする[31]。

結局、この争論について、評定所による裁定は行われず、天保十一年八月に内済となっている[32]。内済の内容は、下北沢側の主張がほぼ通ったものとなった。まず、天保六年の議定を堅く守り、御借場旅宿負担については、訴訟方である粕谷村組合側で務めることとしている。そして触次の下北沢村半三郎が、加人足を粕谷村側に触れ当てていたというが、事実は、かえって下北沢側が人足数超過であって、粕谷側の不足分を議定の通り平均した、とある。これによって、粕谷村側は完全に敗北し、清水御借場旅宿負担をめぐる争論は一年八ヶ月で決着したのである。

以上、この争論を総括すると次のようになる。天保期に清水御借場が再設置されると、宝暦期と同様に、旅宿負担の負担公平化を求める動きが起こった。世田谷領では、下北沢村組合が駒場原の負担と合わせて複雑な負担配分をしていたが、本争論は旅宿負担の御借場内領中公平化を求めるものであった。しかし、結果としてこの動きは否定され、下北沢村組合の複雑な分担体制が維持されていくことになる。

4　下北沢村組合の分裂

それでは、清水御借場の存在は地域にどのような影響を及ぼしたのであろうか。次にそれを検討していきたい。

下北沢村組合は、弘化年間に松原村組合と下北沢村組合に分裂する。その分裂の経緯は以下のようになる。寛政期ごろより、下北沢村組合は同村名主家（伊東家）が二代（半蔵・半三郎）にわたって触次を務めてきた。弘化四年（一八四七）、半三郎が病気のため、子の土太郎（槌太郎）に触次を譲ろうとしたところ、村々（おそらくその後松原村組合となった、駒場原最寄りの村々）が異議を唱え、しばらく触次役不在となる。(33)その上で、松原村組合と下北沢村組合という二組合に分裂することとなった。

さて、分裂した二組については、「組合触次跡役の儀につき廻状」(34)によれば、駒場原最寄りの一二ヶ村に赤堤村と経堂在家村を加えた一四ヶ村が、松原村名主沖右衛門を触次に立て、その一方で「烏山仙川組」は下北沢村名主の土太郎に触次を依頼したとある。

この内訳については、嘉永二年（一八四九）の「去申十一月ゟ当酉二月迄駒場原御鹿狩御平均御用人足村訳帳」(35)によると、表19のように分かれていたようだが、全貌についてはわからない。(36)ただ、基本的には松原村組合は、駒場原の旅宿負担を請け負っていることからもわかるように、駒場原最寄りの下北沢一〇ヶ村を中心とする村々である。一方で、下北沢村組合のほうは、粕谷村組合の村々を中心に中野筋の村々を加えた組合村である。(37)少しややこしいのであるが、下北沢村は、村と

表19　下北沢村組合分裂状況

松原村組合	松原，代田，赤堤，経堂在家，若林，上馬引沢，野沢，下馬引沢，中馬引沢，太子堂，三宿，池尻，池沢，下北沢
下北沢村組合	下祖師ヶ谷，上祖師ヶ谷，給田，烏山，船橋村，廻り沢

註　『大田区史　資料編』北川家文書１，291～292頁より作成。

しては松原村組合に属するが、名主土太郎自身は、烏山村や廻り沢村などの組合の触次を担っているのである。これは、太田尚宏氏が指摘している触次請負制[38]が採られたことによるものと思われる。

ともかく、弘化期に駒場原最寄り村々と粕谷村組合との分裂には、清水御借場の枠組みも深く関わっているといえよう。地域の問題が顕在化し、御拳場自体の鷹場組合村が分裂するという事態には、御三卿鷹場の負担の枠組みも影響していた。

おわりに

本章の内容を整理すると以下のようになる。まず第一節では、清水御借場と世田谷領の関係を明らかにした上で、宝暦～明和期の御借場の実態について検討した。その結果、当初は鷹場役人の宿泊費は御場所近辺の村々によって負担されていたが、そこから領中助合→領中役へと負担の枠組みが拡大されていくことが確認できた。この動きは、地域が負担の公平化を求める中で生じてきたものである。そして、伊奈氏はこうした流れを受けて、さらにそれを複数の領による負担に拡大・統合することを志向していた。

続いて第二節では、天保期に御借場が再設置された後の動向について検討を加えた。まず、負担の枠組みについては、御場所のある鷹場組合村ごとに定められていた。そして、一つの領や一つの組合村であっても、必ずしも一様な負担体系が実現されず、さまざまなあり方になっていたのである。そうした中で、負担の公平化を求めたのが清水御借場一件であったが、結果として領中役を求める動きは否定されていく。こうした点は、宝暦～明和期と大きく異なるものであった。

そして、天保期段階の世田谷領においては、御拳場内においても、将軍家鷹場＝御本丸御場、紀伊家の恩借鷹場、清水御借場などが重層的に存在している。このように鷹場が複雑化した状況においては、鷹場による均質化とは逆の作用が起こっている。それが鷹場による地域の差別化である。下北沢村組合は、弘化期に二つの組合に分裂していくことになるが、ここにも御三卿鷹場の負担の枠組みが影響していた。つまり、御三卿鷹場は、むしろその存在によって、地域の中に差異を生み出しているのである。

このように、御三卿鷹場からは、大石氏の説く均質化していく鷹場とはまた異なった鷹場像が見えてくる。近世後期の御拳場において、幕府は恩借鷹場や御三卿鷹場（御借場）の設置や返上を繰り返していき、単純な御拳場＝将軍家鷹場という図式は崩れていった。御拳場内に「御本丸御場」という言葉が生まれること自体、一つの矛盾が生み出されているといえよう。

鷹場によって江戸周辺地域の一体化が進み、その領域を首都圏と位置づけることは、伊奈氏没落後の江戸周辺地域においては適切ではない。鷹場は首都圏などに単線的に結びつくものではなく、むしろ地域に差異を生み出す装置となっていたのである。ゆえに大石氏の編成論は根本的な見直しが必要であると結論する。

註

（1）大石学『近世日本の統治と改革』（吉川弘文館、二〇一三年）一三四～一三五頁。
（2）根崎光男『江戸幕府放鷹制度の研究』（吉川弘文館、二〇〇八年）三六八～三七三頁。
（3）根崎光男「御三卿鷹場の成立とその性格」（三浦茂一先生還暦記念会編『房総地域史の諸問題』国書刊行会、一九九一年）。
（4）前掲註（3）根崎「御三卿鷹場の成立とその性格」三八～三九頁。なかでも共有名義で御借場を拝領した田安・一橋両家は共同で利用する場合と交代で使用する場合とがあり、共同で利用する場合でも一定した場所割で使用することもあった（同四五～四六頁）。

（5）前掲註（3）根崎「御三卿鷹場の成立とその性格」四三頁。また根崎氏の所論を補強する研究成果として、竹村誠「下井草村と鷹場支配」（東京学芸大学近世史研究会編『高家今川氏の知行所支配～江戸周辺を事例として～』名著出版、二〇〇二年）がある。
（6）斎木一馬・岩沢愿彦校訂『徳川諸家系譜』一（続群書類従完成会、一九七〇年）、六七頁。
（7）根崎光男『将軍の鷹狩り』（同成社、一九九九年）一七一～一七二頁。
（8）『世田谷区史料叢書』一、二九二～二九三頁。
（9）『目黒区史　資料編』三〇一～三〇二頁。
（10）この九ヶ村は実際に鷹狩が行われる場所の最寄りの村の意であると思われる。ただし九ヶ村がどの村であるかは不明である。
（11）『世田谷区史料叢書』五、二二四頁。
（12）太田尚宏「幕府代官伊奈氏の歴史的性格」（『徳川林政史研究所研究紀要』三五、二〇〇一年。補訂して、同『幕府代官伊奈氏と江戸周辺地域』〈岩田書院、二〇一〇年〉に収録）。
（13）前掲註（3）根崎「御三卿鷹場の成立とその性格」四四～四五頁。
（14）世田谷領上野毛村の御用留に、同村が清水御借場に指定されたことの請書が記されている（『世田谷区史料叢書』五、二六五頁）。また、八条領においても、宝暦期と同様に御借場が設定された（『八潮市史』通史編Ⅰ、九二七頁）。
（15）『旧太子堂村森家文書御用留一　世田谷叢書』第八集、三八〇～三八一頁。『八潮市史』通史編Ⅰ、九二七頁。
（16）もっとも、この廃止された期間に清水家の御出がなかったというわけではない。文政期に清水家の当主が玉川へ御出をしている記事も上野毛村の御用留中に見ることができる（『世田谷区史料叢書』四、二四五頁）。しかし、御借場でなくても、御三卿が鷹狩を行うことができたとすると、わざわざ御三卿鷹場を設定する意味がわからなくなる。この理由については今後の課題としたい。
（17）『新修　世田谷区史』上巻、八七七～八七八頁。
（18）『世田谷区史料叢書』五、二九〇頁。
（19）『旧太子堂村森家文書御用留一　世田谷叢書』八、二六頁。
（20）『世田谷区史料』四、三六〇～三六四頁。
（21）なお、竹村誠氏も田安・一橋御借場で鷹場組合より小さな組合が作られたことを指摘し、これを幕府鷹場（将軍家鷹場）の機構である「鷹場内侑組合」と推定している（前掲註(5)竹村「下井草村と鷹場支配」）。しかし、本章の下北沢村組合の場合は、御三卿鷹場独自の負担の枠組みとして存在しており、これと大きく異なっている。田安・一橋家の小組合も幕府の機構としてよいのか検討の余地がある。

(22)『世田谷区史料』四、三六〇〜三八九頁。

(23) 清水御借場における下北沢組合の意。御拳場における下北沢村組合は、これに池尻・池沢村および粕谷村組合、中野筋・御場外の村を加えたものである（図4「下北沢村組合概念図」参照）。

(24)『世田谷区史料』四、三六六〜三六七頁。

(25) 駒場原のことを指していると思われる。清水家の世田谷領での鷹狩は、駒場原を借りて、行われたと推定される。

(26) 鷹の飼育、鷹狩の随伴のほか、人馬の徴発や宿提供の指令を担う職制（前掲註(3)根崎「御三卿鷹場の成立とその性格」五〇頁）。

(27) 前掲註(2)三八五頁。

(28)『世田谷区史料』四、三六九〜三七六頁。

(29)『世田谷区史料叢書』五、三九五〜三九六頁。

(30)『世田谷区史料』四、三八一〜三八三頁。

(31)『世田谷区史料』四、三八五〜三八七頁。

(32)『世田谷区史料』四、三八七〜三八九頁。

(33) 旧太子堂村森家文書（世田谷区立郷土資料館受託）、E—四—二　弘化四年九月五日「触次跡役取極につき議定連印帳」。

(34) 前掲註(33)森家文書E—二—一六　弘化五年正月「御用留」。

(35)『大田区史　資料編』北川家文書一、二九一〜二九二頁。

(36) 前掲註(33)森家文書A—六—一六　丑十一月二十二日「駒場原人足勤方等入用割合につき廻状」。

(37)「烏山・仙川組」は、触次役を、下北沢村名主の土太郎に依頼したものであろう。烏山・仙川組では、高度に専門性の増した鷹場御用触次を務められる者がいなかったと思われる。清水御借場一件のときに、下北沢村触次の横暴を訴え出ていた粕谷村組合が下北沢村名主に触次を依頼するというのは興味深い。その一方で、触次の世襲を拒否した松原村組合村の会合などには、下北沢村からは、一貫して年寄の平蔵が参加している。この点、下北沢村の内部構造と合わせて、今後の課題である。

(38) 太田尚宏「御鷹野御用組合の形成・展開と地域」(関東近世史研究会編『近世の地域編成と国家—関東と畿内の比較から—』岩田書院、一九九七年。補訂して、前掲註(12)太田『幕府代官伊奈氏と江戸周辺地域』に収録)。

第三部　行政制度としての鷹場

第一章　鷹場制度と個別領主

はじめに

本章では、幕府による広域支配と、個別領主支配の在地レベルの関係について、将軍家鷹場鳥見と彦根藩世田谷領の在地代官大場家の関係を事例として検討を行いたい。

幕府広域支配と個別領主支配の関係については、畿内地域を事例として研究が進められてきている。具体的には、在地代官の研究を中心として、幕府による広域支配と個別領主、さらに地域社会の関係性の分析である(1)。また、最近、江戸周辺地域においても、そうした視点に立った、一村の実態研究も出されてきている(2)。今後は、江戸周辺地域において、鷹場制度や改革組合村制などの各広域支配と、個別領主支配、さらに地域社会との関係性を明らかにした事例を積み上げてゆくことが求められている段階といえる。

そこで、本章においては、主に彦根藩の飛地領である世田谷領における広域支配と個別領主支配の関係性について考えてゆきたい。とくに、在地代官大場家を中心として、鷹場の維持・管理を担当する鳥見との間にいかなる関係が結ばれ、鷹場支配にどのように関わるのかを明らかにしてゆきたい。

また、鳥見による広域支配については、これまでは鷹場法度や取締関係の文書類が分析の中心であった(3)。こうした鳥見と在地代官の関係を問うことは、鳥見による広域支配の実態を問い直すことにもなると思われる。

なお、検討の時期については、享保期以降すべての時期を見通すべきであるが、史料の残存状況から、本章では主に彦根藩領世田谷代官大場弥十郎と大場隼之助が在任した、寛政〜安政期を対象とする。

さて、分析に先立って、対象となる彦根藩世田谷領と在地代官について簡単にまとめておきたい。

彦根藩世田谷領が成立したのは、寛永十年（一六三三）である。[4] 当初は一五ヶ村であったが、万治年間以降幕末期までは、表20にある二〇ヶ村であった。[5] ほとんどの村は現在の世田谷区域に入るが、喜多見村を挟んで飛地のようになっている岩戸・猪方・和泉の三ヶ村は、現在の狛江市域にあたっている。

そして、この彦根藩世田谷領は、同じく関東に存在した同藩の佐野領とともに、佐野奉行によって財政・訴訟が統括された。しかし、佐野奉行は基本的に佐野領に在住せず、実質的な支配はその下の代官・目付によって行われていた。[6]

表20　彦根藩世田谷領村高・人別表（文化5年）

村名	村高(石)	人別(人)	相給状況
世田谷	416.709	1,112	
弦巻	133.411	189	
新町	無高	237	
用賀	171.154	592	
野良田	78.067	238	
小山	52.459	121	
上野毛	55.052	122	
下野毛	170.487	335	幕府領
瀬田	354.660	512	
岡本	191.670	220	
鎌田	86.910	102	
大蔵	263.974	458	旗本領
横根	2.692	8	旗本領
宇奈根	169.841	240	
岩戸	119.320	224	
猪方	67.133	218	
和泉	31.865	181	旗本領
八幡山	2.680	101	
太子堂	1.000	7	旗本領・幕府領
馬引沢	25.074	70	旗本領
合計	2,394.158	5,287	

註　相給村落における村高は彦根藩領のものだけを記載。
新町村は反別のみ（新畑40町余・新屋敷2町余）。
文化5年4月「武蔵国世田谷領略村鑑」（『世田谷区史料』3，155〜179頁）より作成。

そのうち、世田谷領の支配を担当したのが表21にある世田谷代官である。一見してわかる通り、二つの系統からなる大場家によって、寛永十年から慶応四年（一八六八）まで受け継がれている。また元文四年（一七三九）から文政十三年（一八三〇）までは、大場家とは別に飯田家・荒居家という代官が

表21　世田谷代官

〔大場市之丞家〕

名　　前	就退任年	備　　　　考
市之丞(吉隆)	寛永10年～慶安4年	慶安4年12月死去。
市之丞(吉寛)	慶安5年～不明	
市左衛門(吉方)	不明	
市左衛門(吉重)	不明	
市之丞	不明	
次左衛門	不明	
次郎左衛門	不明	
市之丞	不明～元文4年	元文4年，年貢引負の責任を問われて闕所追放処分。

〔大場六兵衛家〕

名　　前	就退任年	備　　　　考
六兵衛(盛政)	元文4年～明和元年	元世田谷上宿名主。明和元年9月死去。
六兵衛(盛征)	明和元年～天明6年	天明6年飯田平兵衛年貢未進に連座し，隠居。
源吾(興弘)	天明7年～寛政4年	
半蔵(長純)	寛政5年～寛政6年	病気により，代官役御免。
弥十郎(景運)	寛政6年～天保2年	
隼之助(景長)	天保2年～安政4年	
与一(景福)	安政4年～慶応元年	
弘之介(信愛)	慶応元年～慶応4年	慶応4年9月，代官職廃止。

〔飯田家〕

名　　前	就退任年	備　　　　考
飯田平兵衛	元文4年～宝暦9年	用賀村名主。
飯田平兵衛	宝暦9年～天明6年	元名飯田新左衛門。天明6年に年貢未進により闕所追放処分。

〔荒居家〕

名　　前	就退任年	備　　　　考
荒居市郎兵衛(以謙)	天明6年～文政2年	元名荒居万蔵。宇奈根村名主。苗字帯刀御免。
荒居市郎兵衛(善応)	文政3年～文政13年	元名荒居沢平。宇奈根村村方騒動で「取計不埒」とされ，隠居。

註　「公私世田谷年代記」(『世田谷区史料』1，63～194頁)，元文4年「大場六兵衛飯田平兵衛代官役申付御書附之写」(大場家文書，0B―15―1)，宝暦9年「御用日記」(『世田谷区史料叢書』1，197頁)，寛政6年正月「御用日記」(『世田谷区史料叢書』1，424頁)，文政3年正月「御用状留記」(『世田谷区史料叢書』3，407・413頁)，文政13年正月「御用状留記」(『世田谷区史料叢書』4，402頁)。

　また本表作成にあたっては，次の文献を参照した。大場家歴代史編纂委員会編『大場家歴代史』㈶大場代官屋敷保存会・世田谷信用金庫，1983年)，武田庸二郎「世田谷代官変遷図」(世田谷区郷土資料館編集・発行『世田谷の歴史と文化』2005年，47頁)。

存在していた。このうち大場弥十郎以降の代官は、藩士格となっているが、もともと大場六兵衛家は世田谷村、飯田家は用賀村、荒居家は宇奈根村の名主役を務めていた。

次に代官の職掌についてであるが、まず、第一の任務は、年貢の取立であった。そのほか、①豪徳寺（井伊家の菩提寺で世田谷村の内にある）での法要時の人馬調達、②祝儀物の上納、③領内の治安維持、などが主な代官の職務であった。また世田谷領の西を流れる玉川の治水も重要な任務であった。[7]

なお、本章での対象となる大場弥十郎については、森安彦氏によって研究が進められ、荒廃した世田谷領の復興に努めた農政の実態が明らかにされている。[8] その一方、弥十郎期の大場家については、その豪農としての側面についても分析が進められている。それによれば、弥十郎の代には急速に土地の集積が進み、また利貸経営も寛政期より進め、世田谷領村々全体にわたって貸付を行っているとする。[9]

こうした性格を背景として、大場家は、世田谷領村々の豪農層との連帯を進めた。とくにそれは、「永上金」上納によって顕在化する。[10] 財政窮乏にあえぐ彦根藩では、文政十年（一八二七）に大場弥十郎に対して、領内の富裕な者からの、藩への献金を要請した。弥十郎は、これに応じ、一〇〇両を献金するとともに、村々の豪農層にも呼びかけ、一四〇〇両余を上納するに至っている。献金者には、永代名字を許され、扶持米が与えられるなどした。これによって「永上人」という特権層が形成され、以後も数を増やしていっている。そうした永上人と言われる層は、世田谷領村々の村役人が中心となっていた。大場代官は、経済的にも世田谷領村役人層として強い結びつきを持ち、特権層を形成していたのである。

一　鷹場支配の実態

まず、彦根藩世田谷領を含む、世田谷地域における鷹場支配の概要を確認しておきたい。江戸城から五里四方の地は将軍家の鷹場（御拳場）に指定され、世田谷地域もこのうちに含まれる。

この鷹場支配は、「筋」と「領」という区画から成り立つ(11)。筋は鳥見によって支配され、その下で鳥殺生の禁止など鷹場に関わって様々な規制がなされた。一方で領は、鷹場に関わる役の負担単位であった。村々は概ねこの領に基づいて鷹場組合村を形成し、負担を共同で務めていた。なお、基本的に筋は複数の領によって構成される。彦根藩世田谷領の村々は、目黒筋の「世田谷領」(12)に含まれていた。この目黒筋を管轄し、村々に統制を加えていたのが上目黒村（現目黒区）の駒場御用屋敷にいた在宅鳥見である。

在宅鳥見とは、鳥見の管轄区である各筋に役宅を構え、在地の管理を担当した者である。その配置は享保三年（一七一八）九月より始まり、将軍家鷹場六筋にそれぞれ五～一〇名がいた(13)。目黒筋の在宅鳥見は荏原郡上目黒村内に役宅を置いた。ここは、駒場原という将軍御成御場所の近くで、休息所なども含めて駒場御用屋敷を形成していた(14)。彦根藩領村々も、この上目黒村在宅鳥見に鷹場法度を享保期から幕末期まで提出しているのが確認される(15)。

さて、次に鷹場組合村について述べる。先にも述べた通り、鷹場組合村は領に基づいて形成される。世田谷地域においては、享保～幕末期にわたって概ね三つの鷹場組合村があった(16)。その中で、彦根藩領村々は明和期まではおよそ半数ずつ二つの組合に分かれて所属していた。しかし、明和二年（一七六五）、一方の池沢村組合の触次役交代があったおりに、同組合にあった彦根藩領の一〇ヶ村は、他の彦根藩領九ヶ村が属している粕谷村組合に入ることを望んだ(17)。

表22　世田谷領組合村構成（4）（文化期以降）

組合村名	村　　名
下北沢村組合29村	下北沢，松原，代田，**太子堂**，池沢，三宿，池尻，野沢，若林，**下馬引沢**，上馬引沢，中馬引沢，粕谷，廻リ沢，船橋，上祖師ヶ谷，下祖師ヶ谷，赤堤，経堂在家，烏山，給田，北野，野川，野崎，上北沢，深大寺(幕領分)，上飛田給，下飛田給，押立
猪方村組合25村	**猪方**，**駒井**，**岩戸**，**和泉**，上野，覚東，小足立，入間，**八幡山**，**喜多見**，**宇奈根**，**大蔵**，**横根**，**岡本**，**鎌田**，**瀬田**，上野毛，**野良田**，尾山，**用賀**，**弦巻**，**世田ヶ谷**，**新町**，**下野毛**，大沢
深沢村組合８村	深沢，等々力，上沼部，下沼部，石川，奥沢本，奥沢，衾

註　天保15年正月「御用留」（森家文書，Ｅ―２―13），天保12年11月19日「八月廿七日右大将様玉川筋瀬田村河原江被為成候一条割合」（田中家文書，Ａ―７―25），「去々酉年中御用人足御扶持米村訳小目録帳」（『大田区史　資料編』北川家文書１，265頁）より作成。
　太字は，彦根藩領のある村。

その結果、彦根藩世田谷領は相給の下馬引沢村・太子堂村を除く、一八ヶ村が明和期以降はまとまって一つの鷹場組合村を構成することとなった(18)。

　さらに文化期になってから成立した猪方村組合（表22参照）は、大半が彦根藩領の村で占められ、触次も彦根藩単独支配の猪方村名主が務めていた。こうしたことから、彦根藩世田谷領では、一つの鷹場組合村を構成し、強い地域的結合を維持していたといえるのである(19)。

　この猪方村組合触次と大場代官との関係を示した興味深い記述がある。

〔史料1〕

右猪方村重八事名主勤役之節触次役粕谷村吉郎兵衛退役跡相勤度旨申出、右は目黒掛り御鳥見方又は馬喰町御郡代屋敷御鷹方御用ニ而、在方村々江御用向触出し役ニ付此方役前江も勤度旨願出候ニ付、村方名主役勤居領主役用不指支様出来候ハヽ、相勤可申渡候処、父子両人ニ付決而御指支仕間敷ニ付奉願候段申之、則右役共兼勤居候処、芝居一件ゟ居村追払ニ成候ニ付伜善次郎も名主役取放候得共、御鳥見方・御鷹方之触次役夫形先勤居候事之処、目黒掛御鳥見山内助次郎殿ゟ内々被尋越候は、猪方村名主善次郎儀役儀御取上之由承之、然ル上は触次役も勤サセかたく申参り候ニ付予返答申遣候は、当時名主役不勤候共触次役之儀ハ被仰付被下候様申遣候処、右触次役皆名主ニ而為勤候得共、

斯ル類葛西領一村在之歟ニ而御鳥見方・御鷹方共承知被致、平百姓ニ而善次郎引続而触次役相勤ル[20]

これは猪方村名主善次郎の触次役留任について大場弥十郎が関与したことを窺わせる史料である。文政二年（一八一九）玉川歌舞伎一件[21]によって、善次郎が名主役取上となったが、触次役だけは継続して務めることとなった。そのことについて、目黒筋の鳥見より名主でなくなった上は、触次役を務めさせ難いとして内談がなされた。これに対して大場は、以後も継続して務めさせたいとして願い出、最終的に善次郎が平百姓として触次を務めることとなった。この史料は大場弥十郎自身の編纂した「県の礎」の一部分ではあるが、文政二年以降も触次役を善次郎が継続して務めていることは、上野毛村の御用留からも確認される[22]。実際に大場の意向が通って、善次郎の留任が決まったかどうかは定かではない。しかし、触次役の任免について、その領主の在地代官である大場に対して鳥見の申し入れがなされ、またその大場から継続の願い出がなされていることが重要であろう。

以上、本節では近世後期の世田谷地域においては、大半が彦根藩領の村から成り立つ鷹場組合村が成立していたこと、またその触次役の任免について在地代官の大場が関わっていたことが明らかになった。

二　将軍御成時の在地代官の対応

次に将軍御成に対して、大場を中心とする彦根藩世田谷領がどのように対応していったのかをみてゆきたい。

さて、「世田谷領」には駒場原と玉川御場所という二つの御成御場所があった。駒場原での鶉狩は、享保期以降幕末に至るまで秋の年中行事として定着し、毎年のように御成が行われていた。この御場所については、彦根藩世田谷領の村々も所属する鷹場組合村の下で、様々な役人足を負担している[23]。また世田谷代官は、御成の当日に江戸とその近辺へ出ることを禁じている[24]。

一方で玉川御場所では、漁猟が行われ、鵜飼の見物なども行われていた[25]。こちらは彦根藩世田谷領のうちにある上、同所への御成道筋は世田谷領を横断するものであったため、彦根藩にとっても重要な意味を持つものであった。享保五年（一七二〇）三月、まず荏原郡瀬田村から、同下沼部村までの流域が御留川となり、一切の漁猟が禁じられた[26]。そして初めて瀬田村河原へ御成があったのは、享保十二年八月と推定される[27]。その後、宝暦四年（一七五四）五月に大納言徳川家治の御成が行われた。このときは伊奈半左衛門内の入江与左衛門の下で番人足などの御成御用を玉川御場所近辺の村々が負担している[28]。そのときは、世田谷代官の下で彦根藩世田谷領としても助人足を出していた[29]。その後は、文政～幕末期まで断続的に御成が行われていた[30]。

それでは、天保期の玉川御成にあって、世田谷領はどのように対応していたのであろうか。天保三年（一八三二）八月二十八日の徳川家慶の御成を例に分析してみたい。

まず、御成に対する世田谷代官の対応として挙げられるのは、人馬留などの規制である。たとえば御成の前日には領内村々に対し、次のような触を出している。

〔史料2〕

此度
内府様玉川筋御成ニ付、村々共火之元別而念入大切ニ致し候様小前一統可申渡候、御　成御当日ニ至リ候ハヽ、御道筋之者共は不敬不礼之義無之大切ニ相心得候様厳敷申付可置候
一御道筋は勿論御場所より御見通しニ相成候村々、御当日煙り留申付候
一御　成御用下宿其外御用向被仰付候もの共之義は、是又大切ニ相勤可申候、件之趣申渡候間心得違無之様向々

へ不洩様厳敷相触可申候、早々無滞刻附ヲ以相廻し村々とも銘々請書差出し可申候、順達留ゟ可返候、以上

辰八月廿五日

御代官所(31)

ここでは、御成にあたって、火の元取締や当日の煙留、旅宿向きを滞りなく務めるべきことなどを命じている。さらに翌日にも、上屋敷からの帰りの下掃除馬などが入り込まないように人馬留の徹底などを命じている(32)。

さらに、大場は支配村々に対し、逐一御成の準備状況を報告させていることが知られる。御成にあたり、現場に近い猪方村組合では、将軍御膳所や、鳥見など役人の休息所の手配が必要となってくる。こうした手配は村と鳥見の間で行われていたが、そのことについて大場が逐一村々から報告を受けていることが知られる。そして、そのことを大場から佐野奉行に上申している(33)。

一方で、彦根藩としてもすべてを大場に任せていたわけではない。佐野奉行と城使が大場の屋敷に詰め、監督していることが知られる。天保十三年の御成のさいも、佐野奉行と元方勘定奉行兼帯の川手藤内（良旭）(34)が世田谷に滞在し、取締方についての指示を行っている(35)。

以上から、大場は佐野奉行や支配下村々と連絡を取りながら、御成の準備を進めていったことがわかる(36)。そして、大場は鳥見に対して御成を迎えるにあたり、直接問い合わせを行っていたことが次の史料よりわかる。

〔史料3〕

御鳥見方

一金三百疋　私目黒御用屋敷在宅　山内庄兵衛

右は先頃

内府様玉川筋へ　御成ニ付、世田谷御代官ゟ問合せ筋も有之、御都合能相済候ニ付、被下方之儀御代官相願候

趣佐野奉行衆被申聞承届候間、致御支度相渡可被申候、以上

辰十月四日　　　　　　　　　　　小野田小一郎

御納戸役衆

佐野奉行衆

御元方勘定奉行衆[37]

この史料は、彦根藩家老本役である小野田小一郎為典[38]より御納戸衆ほかへ達せられたものである。先の玉川御成において、世田谷代官より鳥見山内庄兵衛[39]に問い合わせを行い、結果、都合よく事をすませることができたとしている。ついては、支度金を下付されるよう、代官より佐野奉行へ上申し、この支度金が渡されることとなったのである。ここから、まさしく大場は鳥見と連携を取りつつ、御成という彦根藩世田谷領にとっての大事を乗り切っていったことが知られるのである。

以上、彦根藩世田谷領の将軍御成への対応について見てきた。そこでは、在地代官大場家を中心として、藩領村々と協力しつつ準備を進めていたこと、また大場は鳥見と連絡を取り、その協力を仰いでいたことが知られるのである。

三　鳥見による商売株許可と在地代官

次に、商売株をめぐる規制の中から、大場と鳥見の関係をみてゆきたい。

将軍家鷹場に設定された村々は、実に様々な規制を受けていた。その一つとして挙げられるのが、商売株の規制である。当時、村で商売を行うには株を必要とし、家作と合わせてその管理も鳥見によって担われていたことが明らか

になっている。[40]

それでは、次に商売株許可をめぐる世田谷領内の具体的な事例として、天保期の玉川綱下松一件を分析したい。

まず、この霊松をめぐる流行神信仰について見てゆこう。この松は、多摩川沿岸の橘樹郡宿河原ほか三ヶ村（現神奈川県川崎市）の境界上に位置し、病気平癒を祈願して成就したことがきっかけとなり、一大流行神となった。その中で、松への巡礼ルートにあたる彦根藩領の宇奈根村は、霊松縁起話で一躍江戸の観光地となったとされる。[41] 代官の大場隼之助も天保三年（一八三二）九月二十五日に彦根藩の奉行衆とともにこの霊松に詣でている。[42] また大場弥十郎の妻や娘もたびたび参詣していた。[43]

こうしたなか、道筋にあたっている彦根藩世田谷領村々では、商売の嘆願をする村が増えてくるのである。

まず、天保三年五月、村々は大場代官に対して、参詣者向けに葦簀張小屋で茶水などの商売を行いたいとして願書を提出した。これに対して大場は、三味線などを用いず、「物騒敷事」がないことを条件として、承知している。[44] その一方で大場は、こうした葦簀張小屋での商売が、村々の勝手に行われることを厳に戒めている。その上で、村々による営業許可願については、大場自らが見分することを申し渡した。[45]

しかし、この案件に対し、大場は在地代官として規制を行う一方、村々との連携も行っている。それが、鳥見への対応である。大場は、鳥見向けの文書について、村々に次のように指示を与えている。

〔史料4〕

廿八日、目黒御用屋敷在宅鳥見山内助次郎方江行候処、同人咄しニ御配下村々ゟ此度下ケ綱松流行ニ付、よし簀張小屋掛之事願出申候哉如何と相尋候ニ付、内々申出候へとも、いまた聢と表向申出候事ニも無之候へとも、右は場所見分之上格別大業之事ニも無之候ハ、聞済置可遣哉ニも相心得居候ニ付、何分御役前ニても宜敷御含置可被下内談ニ及候へは、是非表向相願可申間、御問合被遣候方可然随分相済候様取計可申と之事ニ付、其段うち合置、乍去かけはなれ候場所なと格別目立不申場所は御問合ニ不及、手限ニ而聞済置候向も可有之間、此段も被含置候様及内談、是等は可然ニ相定置、尤此方へ不申出先御鳥見方江は其向之人物を以内々願置候様子と相見へ、此方より右之事可及内談心組ニて罷越候処、先方ゟ先江咄し出もの也[46]

この史料は、大場代官家の日記である「代官日記」天保三年五月二十八日条の一部である。これを見ると、表向きの願書提出に先立って、鳥見山内助次郎[47]と大場との間で内々の折衝が行われていることが知られる。そして、今回の願については、実質許可を出す旨の回答を得、また「かけはなれ候場所」などにおいては、大場手限で許可を出すこととしている。ここから、村々の意を受けて、大場が鳥見と折衝をしていることが読み取れる[48]。

〔史料5〕

則山内助次郎へ例之ことく問合遣し候へは、場所も見分致し候由、右は此度之評判既ニ殿中ニも其沙汰有之程之儀ゆへ、いつれ上之気請宜敷様致し度ニ付、あまり問合文言巨細過候ニ付、荒増ニ茶水商と認メ候方可宜敷内々啓次郎へ申付下書差越候趣、いの方善次郎持参致し候間、其通り認メ直し善次郎へ相渡[49]

〔史料5〕は、「代官日記」天保三年五月二十八日～六月一日条の一部である。ここでは、綱下り松参詣客をねらった道筋村々の葦簀張営業許可願について、大場は問合文言の書き方についても鳥見と相談して村々役人へ指示をしていることが知られる。猪方村善次郎は、それを受けて文章を修正し、鳥見へ提出している。

鳥見へ提出する願書についても、村々は大場に相談し、大場も適切な指示を与えていたことが窺われる。

この後、山内は六月一日に内々に松参詣を行い、同月十四日に御場所向きは支障がない旨返書を大場に対して出した。それを受けて、翌日に大場は願人一同を代官所へ呼び出し、許可の旨を申し渡している[50]。

以上のことから、大場は、在地代官として領内村々の家作取締に携わる一方、領内の代表者として家作許可のために鳥見と交渉し、また願書などについても、鳥見の意向に基づいて文言を改めさせるなどの指示を藩領村々に与えていたことが明らかになった。

四　鳥見による家作取締と在地代官

それでは、次に家作取締をめぐる大場代官と鳥見の関係について取り上げたい。安政二年（一八五五）に起こった世田谷村の違反家作一件を事例に挙げる。

〔史料6〕

乍恐以書付御慈悲奉申上候

武州荏原郡世田谷領世田ヶ谷村八幡領猪右衛門同村名主宗八幷下北沢村触次土太郎奉申上候、右猪右衛門儀去々丑年八月中其御筋江御願立茂不仕、物置壱棟相補理候哉之旨風聞入御聴、□般被召出右始末厳重之御吟味ヲ受奉恐入、私共ゟ暫時之御猶予奉願上置篤与内実承糺候処、元来居宅手狭□□候処、去々丑年八月中田畑作物取入候時節度々之雨天置場等ニ差支候ニ付、無余儀少々古もニ而雨除仕候儀ニ而拾八坪以上之物置相営候儀ニ者無御座候得共、御場内之儀ハ急々被　仰渡茂有之旁其御筋江御願立も不仕、仮令こもニ而雨除成共猥ニ仕成候段不埒之者御察斗奉請候而者一言可申立様無御座、逸々先非後悔重々奉恐入、此上御慈悲之御沙汰奉願上呉候様私共江取縋相歎キ発心之体不便至極奉存候間、向後右様心得違無之様添心仕右家作早々取毀可申候間、何卒御憐愍之御沙汰被仰付被下置候様連印ヲ以偏ニ奉願上候、以上

安政二卯年二月十六日

武州荏原郡世田谷領
世田ヶ谷村八幡領
当人　猪右衛門印
同村
地方名主
宗　八印
下北沢村
触次
土　太　郎印

御懸り
御鳥見様[51]

〔史料6〕によれば、安政二年、世田谷村八幡社領百姓の猪右衛門が無断で物置の補理を行い、鳥見の吟味を受けることになったことがわかる。この史料では、同人ほか世田谷村名主、および下北沢村触次が連名し、鳥見へ提出している。[52]

世田谷村は、大場代官屋敷の所在地であり、彦根藩世田谷領の中心の村であった。そのうちに勝光院・勝国寺・八幡社領という三寺社の朱印地が存在している。八幡社は、世田谷村の鎮守であり、天正十九年（一五九一）十一月に、勝光院・勝国寺とともに、朱印状（一一石）が下付された。[53]

こうした朱印状の受け渡しは大場代官屋敷で行われている。[54] そこから窺えるように、これらの寺社領においては、

①川筋普請等諸役金の取立、(55) ②人別の管理、(56) などを彦根藩が担当し、実質的な支配は現場の大場代官に委ねられていたのである。

このようなことを背景として、鳥見から大場に対して、次のような打診がなされた。

〔史料7〕

以手紙致啓上候、弥御安康被成御座珍重之儀奉存候、然者世田ヶ谷八幡神領名主猪右衛門義不相願家作取建候趣世田ヶ谷名主宗八内糺候処、右者不埒之義ニ付呼出相糺可申与存候処、八幡神領之義ハ家作願向等前々ゟ其御役所ニ而御取扱有之哉ニ致承知候、然ル上者先其御方ニ而御取調御座候方与存候、其御方御取扱無之筋ニ候ハ、当方江呼出相糺取締付候様可致候、否貴報致承知度此段得貴意候、以上

十二月廿七日(57)

〔史料7〕は、鳥見原金次郎(58)から大場隼之助へ差し出された書状である。十二月二十七日の日付があり、内容から年代は安政元年と推定される。

ここで原は、世田谷村八幡社領の家作願向きの取扱は大場代官所で行われていたと認識し、そこで今回の一件についてまず取調を大場に打診している。そして、もし、大場方で取扱をしていなかった場合、鳥見の側で取締を行うと述べている。彦根藩領外での家作取締であるが、世田谷村での慣行に基づき、まず取調を大場へ打診していることが興味深い。

これについて大場の側からは承知の返答をしたものの、取調に時間がかかるとして結局、本件については鳥見で取締を行うことになった。(59) 最終的に〔史料6〕を提出し、家作取壊を約束したことで、鳥見方では聞済となっている。その上で鳥見は次の書状を大場へ送った。

〔史料8〕

御紙面致拝見候、然者世田ヶ谷村内八幡神領名主猪右衛門家作之義先日相糺候処、詫書差出候間其段為御心得申進候処、右御返書之趣致承知候、且右家作之義者一体不願立取建候段不埒ニ付其段可申立与存候処、全ク心得違恐入候段申出右家作ハ草々取毀候旨詫書差出候義ニ付聞済申候、然ル上ハ改而願立候哉亦者取払切ニ致候哉先先日差出候書付ニ而者早々取毀候趣ニ有之候間、右之心得ニ罷在候猶此段其答旁得貴意候、以上

二月廿九日

尚々本文家作取払候旨書付差出候上ハ取締ニも相成、然ル上ハ家作之義早々改而願候義ニ候ハヽ、表向ハ取払候積ニ候得とも直ニ取建候義ニ付家作ハ取計候処、其儘ニ致し遣候様内々宗八江為相含置候間、早々願立候義候ハヽ、其御役所へも右之廉ハ御含御取扱御座候方ニも候哉、左候得ハ一助ニも可相成与奉存、猶御賢慮御座候様致度奉存候、以上(60)

ここでは、事件の経過について記した後、今後の家作取扱について述べられている。それによれば、もし当人猪右衛門が許可を得て直ぐ家作を行うつもりであるならば、今ある家作を取り壊さず、表向き取り壊したことにして存続させるよう当人に指示している。そしてこの旨を大場も了解するよう伝えている。

ここから、まず証文の提出など形が整えられ、取締が行えれば建物を存置してよいとする鳥見の方針を窺い知ることができる。それとともに、こうした内意を、大場へも報告し、その後の家作取建が円滑に進むように図っているのである。

本一件は、藩領外の家作取締であるのに、鳥見が大場に取調を打診し、またその後の取締の実態を逐一大場へ報告

している点が大変重要であろう。鳥見による家作取締においても、当該地域においては在地代官である大場との連携のもとに進められていたことが知られるのである。

おわりに

以上、四節にわたって、彦根藩世田谷領在地代官と将軍家鷹場の鳥見の関係を分析してきた。各節でのまとめは重複となるので、ここでは省略し、総括のみを行いたい。

まず指摘できるのは、彦根藩世田谷領在地代官の二つの立場である。大場は在地代官として、火の元取締や百姓商売屋の管理など藩領域の治安維持を図る一方、商売株許可をめぐって内々に鳥見との交渉にあたり、また村々の願書文言をも改めさせるなど藩領村々の訴願の実現に積極的な役割を果たしていたことが言えよう。

また、鳥見による支配の実態については、個別領主の在地代官である大場と内々に相談を行い、商売株許可のための方途を示すことや、また藩領外の家作取締にあたっても大場へ処断を打診することからも窺えるように、当該地域における治安維持・風俗取締は在地代官の意向を汲み取りつつ展開されていたことが知られるのである。

もちろん、幕府による広域支配と個別領主支配とは決して対立するものではなく、むしろ相互補完の関係にある。しかし、その関係性について、各広域支配の個別性を捨象して一体的に捉えてしまうと、個々の広域支配のあり方における段階差や特殊性を捉えられなくなってしまう。一度そうしたフィルターを外し、両者の関係を一つずつ再検討してゆく必要がある。

そうして見ると、鳥見と大場との関係は文化・文政期以降に江戸周辺地域に対して展開していった、関東取締出役設置―改革組合編成との関係とは全く趣を異にしていることがわかる。廻村してきた取締出役と大場との関係を示す記事や、また改革組合村との関わりを示すものは「代官日記」を始め「大場家文書」の中に見られない。そしてそうした実態を如実に示しているのが、文政二年（一八一九）の玉川地芝居一件であろう。この一件では、取締出役による世田谷領農民の捕縛・取締が突如として行われたのみならず、代官であった大場弥十郎・荒井市郎兵衛も指控を命じられている(61)。森安彦氏は、この点を「私領の独立性が大幅に制約され、地代官の権限が侵食されている(62)」との見解を示している。

こうしたことを考え合わせるとき、広域支配と領主支配との関係において、本章で見たような鳥見―在地代官の関係はまた異なったレベルにあることが知られる(63)。それとともに、こうした在地代官との関係の上に立脚せざるをえない鷹場制度自体の限界性も見えてくるように思われる。鷹場制度は、個別領主権を超越するものではなく、それと密接に関わる中から広域支配を進めていく行政制度であったのである。

註

（1）熊谷光子「畿内・近国の旗本知行所と在地代官」（『日本史研究』四二八、一九九八年）。
（2）佐藤宏之「江戸周辺における幕府代官支配と下井草村」（大石学監修・東京学芸大学近世史研究会編『高家今川氏の知行所支配～江戸周辺を事例として～』名著出版、二〇〇二年）。
（3）村上直・根崎光男『鷹場史料の読み方・調べ方』（雄山閣出版、一九八五年）一〇九～一一七頁など。
（4）『新修　世田谷区史』上巻、四五二頁。
（5）『新修　世田谷区史』上巻、四六一～四六二頁。
（6）村上直「近世における彦根藩佐野領の成立と支配」（『法政大学文学部紀要』二三、一九七七年）。
（7）世田谷代官の職掌については、『新修　世田谷区史』上巻、七六六～七六七頁などに詳しい。

（8）森安彦「基礎構造の変質と代官農政―彦根藩世田谷領村落の荒廃と再興政策―」（同『幕藩制国家の基礎構造―村落構造の展開と農民闘争―』〈吉川弘文館、一九八一年〉に収録）。
（9）大場家の豪農としての側面については、柳田和久「文化・文政期における彦根藩世田谷代官大場家の経営について」（『法政大学大学院紀要』三、一九七九年。のち改題して『幕藩制社会と領内支配』〈文献出版、一九九八年〉に収録）。
（10）前掲註（8）。
（11）大石学「享保期における鷹場制度の再編・強化とその意義」（『史海』二三・二四合併号、一九七七年。のち改稿して『享保改革の地域政策』〈吉川弘文館、一九九六年〉に収録）。
（12）以下、公儀支配単位の世田谷領については、「世田谷領」と表記する。
（13）前掲註（3）村上・根崎『鷹場史料の読み方・調べ方』一〇一頁。
（14）『目黒区史』二五二～二五三頁。
（15）旧荏原郡上野毛村名主田中家文書（世田谷区立郷土資料館受託）A―七―一六 文政元年八月二十四日「御鷹場御法度手形」など。
（16）本書第二部第一章を参照のこと。
（17）『世田谷区史料叢書』一、三一八～三二二頁。
（18）荏原郡太子堂村については、彦根藩領分は一石のみである（表20参照）。ゆえに実際の鷹場負担は行っておらず、鷹場組合村には所属していない。幕領分は下北沢村組合に所属している（表22参照）。
（19）文政の改革組合村においては彦根藩領一体となっての編成が認められなかった（前掲註（8）森『幕藩制国家の基礎構造』三三七～三三八頁）。この点、鷹場組合村との差異が窺えて興味深い。
（20）『世田谷区史料』五、一四四頁。
（21）この一件は文政二年正月に彦根藩領猪方村において歌舞伎狂言を催し、関東取締出役による取締を受けたもの。猪方村名主善次郎は村内不取締の科で名主役取上となっている。一件の詳細は、前掲註（8）森『幕藩制国家の基礎構造』二六六～二六七頁を参照のこと。
（22）『世田谷区史料叢書』三、四一九頁。
（23）彦根藩領上野毛村には、享保期から明治期に至るまでの御用留（『世田谷区史料叢書』一～一〇）が残っている。それによれば、毎年、駒場原に関わる人足役（御場拵人足や道具持送人足）を負担していることが知られる。

(24) この書付は寛政七年二月に出され（『世田谷区史料叢書』二、五頁）、以後は御成のたびに人馬留の触が出され、元治二年まで続いている（『世田谷区史料叢書』八、二五〇頁）。

(25) 成島司直「玉川御狩の記」（目黒区守屋教育会館郷土資料室編集・発行『郷土資料室所蔵史料目録』一、一九八三年）八～一二頁。

(26) 『世田谷区史料叢書』一、九頁。

(27) 『大田区史　資料編』平川家文書一、一五五頁。黒板勝美編『新訂増補 国史大系　徳川実紀』八（吉川弘文館、一九三三年）四三七頁。『大田区史　資料編』北川家文書一、三〇五頁。

(28) 『世田谷区史料叢書』一、一〇七～一〇八頁。

(29) 『世田谷区史料叢書』一、一〇一～一〇二頁。

(30) 玉川御成については、本書第二部第一章も参照のこと。

(31) 『世田谷区史料叢書』五、二一〇～二一一頁。

(32) 『世田谷区史料叢書』五、二一二頁。

(33) 『世田谷区史料』五、二〇八～二一三頁。

(34) 『彦根藩史料叢書』侍中由緒帳七、七三頁。

(35) 『世田谷区史料叢書』六、三四頁。

(36) 一方、彦根藩としても、城使の田中惣右衛門と佐野奉行の武笠七郎右衛門を世田谷へ御成前夜に派遣している。二人は大場の屋敷へ詰め、翌日まで滞在し、内府還御の後、すぐに帰府している（『世田谷区史料』五、二一二頁）。彦根藩としても、万全の体制で御成を迎えていたことが知られるのである。

(37) 『世田谷区史料』六、九七頁。

(38) 『彦根藩史料叢書』侍中由緒帳二、一六一頁。

(39) 山内庄兵衛は、文政五年五月に、目黒筋掛り鳥見となっている（『世田谷区史料叢書』四、九五頁）。

(40) 宮坂新「将軍家鷹場鳥見による農間余業の把握と統制」（『中央史学』二八、二〇〇五年）。

(41) 高橋敏『江戸村方騒動顛末記』(筑摩書房、二〇〇一年)一四〇頁。
(42) 『世田谷区史料』五、二一七頁。
(43) 『世田谷区史料叢書』一五、一九六・二〇〇・二三一〜二三三頁。
(44) 『世田谷区史料』五、一九八頁。
(45) 『世田谷区史料叢書』五、二〇三頁。
(46) 『世田谷区史料』五、一九九頁。
(47) なお、山内助次郎については、目黒筋の在宅鳥見として文化九年十二月に着任している(『世田谷区史料叢書』三、二六〇頁)。また、天保八年十二月に鳥見から鉄炮丸薬奉行へ転任した(『柳営補任』四―二八七)。天保十三年の武鑑によれば禄高は一〇〇俵。
(48) ただ、一方では村々から大場を通さずに「其向之人物」によって鳥見へ内々に願い出ているとある。村々からの願出も一筋縄ではなかったわけである。
(49) 『世田谷区史料』五、一九九〜二〇〇頁。
(50) 『世田谷区史料』五、二〇二頁。
(51) 世田谷代官大場家文書(世田谷区立郷土資料館受託、以下は大場家文書と記す)四B―二五―一。
(52) ここで下北沢村の触次が出ているが、当時組合村では猪方村組合に属していると思われ、この理由については定かではない。
(53) 『新修 世田谷区史』上巻、四四二頁。
(54) 大場家文書二B―二 天保十一年「御朱印御改一件留記」。同二B―五 文久二年「家茂公御朱印　世田谷領分附属御朱印領四ヶ所江相渡候一件留記」。
(55) 大場家文書二D―三「従天保八酉年年々御朱印寺社領高役金取立帳」など。
(56) 渡辺一郎校訂『彦根藩世田谷代官勤事録』(世田谷区誌研究会、一九六一年)七二〜七七頁。
(57) 大場家文書四B―二五―三 安政二年「物置無断新築に付取毀し一件書類」。以下、四B―二五は同一表題。
(58) 原金次郎は、天保十三年一月より、上目黒村役宅定居となる(『世田谷区史料叢書』六、四頁)。一〇〇俵四人扶持で、天保六年鳥見見習並、翌年同見習となる。天保十一年家督を継ぎ、直に鳥見となっている。嘉永五年閏二月に御目見以上を仰せ付けられている(国立公文書館所蔵江戸城多聞櫓文書、多〇三三六一、御鳥見原金次郎明細短冊)。

(59) 大場家文書四B—二五—四。

(60) 大場家文書四B—二五—五。

(61) 前掲註(21)。

(62) 前掲註(8)森『幕藩制国家の基礎構造』二六七頁。

(63) 本章でみた大場代官と目黒筋鳥見の関係は、両者の役所の距離的な近さも関係していると思われる。大場代官の役所（現世田谷区世田谷一丁目）と駒場御用屋敷（現目黒区大橋二丁目）との直線距離は約三キロ半である。このために日常的な往来もあったものと思われ、こうしたことが公的な両者の関係に影響していたものと考えられる。無尽講やあるいは文化的な交流などについての分析は今後の課題としたい。

第二章　鷹場制度と江戸町方

はじめに

本章では、鷹場制度と、村・町の行政制度との関係について検討を行う。具体的には、都市江戸と農村の境界地域（以下、江戸周縁地域と記す）[1]における御場肝煎制の展開過程を対象とする。

江戸周縁地域は、武家地や町奉行単独支配地、町並地（町奉行と代官の両支配地）などが錯綜している。そのため、この地域については縦割りの支配がなされており、一体的な支配はできない。こうした地域性ゆえに、鷹場制度が展開する過程と町と村の行政制度としての差異が顕在化し、様々な問題が生起することとなった。ゆえに、鷹場制度と村と町の行政制度の問題をみる上で好適な地域といえる。

なお、この地域における鷹場制度について触れたものに、根崎光男氏[2]、小國喜弘氏[3]の研究がある。また筆者も江戸周縁地域における御鷹御用宿の実態について検討を行っている[4]。しかし、いずれにおいてもこうした視点からの検討はなされていない。そこで、本章では、御場肝煎制を素材として、江戸周縁地域の鷹場制度について明らかにしていきたい。

御場肝煎制とは、寛政期に成立する御場所肝煎と、文化期に成立する鷹野人足肝煎という二つの肝煎からなるシステムの総称である[5]。御場所肝煎とは、鳥見という鷹場役人の下で、鷹場の環境整備や、人足の徴発などの職務に従事する役であり、将軍の鷹狩を実施するための様々な手配を行っていた。この役には、村の名主や年寄などが就任し、その給料は幕府から支給され、また野羽織を着用することを許された。また一〇年程度の精勤によって一身代の苗字・帯刀が許されていた。

さて、本章では、このような御場肝煎制が江戸周縁地域にどのように展開していったのかを明らかにしていきたい。具体的には、第一節では、御場肝煎制の一役職である「野羽織」について明らかにした上で、江戸周縁地域に存在した御場所肝煎・野羽織について検討する。続いて第二節では、御場肝煎制が町奉行単独支配地である新吉原町へ拡大されようとした一件を検討する。最後に第三節では、御場肝煎制の苗字御免と町方の問題を分析する。以上の考察を通して、①鷹場制度は村と町の差異を乗り越えうるのか、②また町側が鷹場制度の展開にどのように対応していったのかをみてゆく。

一　野羽織と江戸周縁地域

まず、本節では、本論の前提として、御場肝煎制の末端に位置する「野羽織」という役職について明らかにする。その上で、江戸周縁地域に、この御場所肝煎や野羽織に任命された者がどれくらいいたのかを検討していきたい。

1　野羽織の概要

御場肝煎制は、慶応期までその存在を確認することができる(6)。しかし、その間に制度として変化がなかったわけではない。その一つが、肝煎とともに、「野羽織着用(7)」という御場所肝煎の下役が設置されたことである。野羽織が出現した年代であるが、管見の限り文政九年（一八二六）が初見である。[8]この野羽織の出現は、文政八年に六筋すべてに御場所肝煎が置かれるようになったことと関わりがあるかも知れないが、詳細は不明である。この役職は岩淵筋[9]・目黒筋[10]で見られ、さらに「肝煎勤並」という肩書で戸田筋・中野筋[11]で確認することができる。年代にずれはあるものの、全六筋で設置されていたものと考えられる。

野羽織の職務内容であるが、これは御場所肝煎と大きく変わるところはない。中野筋・角筈村の天保十三年（一八四二）〜十五年の『御用留』によれば、御場所肝煎同様に、鳥見の指図を受けて御場所の整備や人足の監督にあたっていることが確認される。[12]

一方で、任免や扶持については、相違している。御場所肝煎は、鳥見組頭から任命されるのに対し、野羽織は勘定奉行―代官より任命されていた。[13]そして、野羽織は、扶持や苗字御免の特権はなく、それを得るためには、野羽織から御場所肝煎へ昇進する必要があった。[14]

2　江戸周縁地域と御場所肝煎・野羽織

では、次に、こうした御場所肝煎や野羽織が、今回の検討対象となる、江戸周縁地域においてどのように配されていたのかを概観しておきたい。

表23　町並地における肝煎・野羽織就任者（寛政〜弘化期）

就任年	筋	役　職	村・町名	就　任　者	出　　　典
寛政４年	葛西	御場所肝煎	立石村	新右衛門	『類集撰要』五
寛政４年	葛西	御場所肝煎	上駒込村	名主 五郎兵衛	『類集撰要』五
寛政４年	葛西	御場所肝煎	橋場村	名主 権右衛門	『類集撰要』五
文化14年	目黒	野羽織	麻布本村	年寄 五郎左衛門	『世田谷区史料叢書』3，353頁
文政４年	岩淵	御場所肝煎	今戸町	名主 市郎右衛門	『鳩ヶ谷市史史料』４，30頁
天保13年	中野	御場所肝煎	馬場下横町	名主 小兵衛	『武蔵国豊島郡角筈村名主 渡辺家文書』２，159頁
天保14年	戸田	野羽織	関口水道町	名主 佐一郎	『同上』２，172頁
弘化５年	目黒	野羽織	宮益町	名主 与右衛門	『世田谷区史料叢書』6，354頁

なお、ここでは、町奉行と代官の両支配の地となる、町並地を対象とする。

表23は、寛政〜弘化期において管見の限り確認された、御場所肝煎・野羽織就任者の一覧である。なお、ここでは、就任年の判明するものだけを挙げている。

この表からわかるように、町並地においても御場所肝煎・野羽織は、数は多くはないが、寛政〜弘化期を通じて存在していたことが知られるのである。また町並地の存在する葛西・岩淵・戸田・中野・目黒の五つの筋については、すべて御場肝煎制が布かれていたことがわかる。

以上のように、町並地においては、御場肝煎制が布かれていたことが確認できた。だが、町並地は、江戸周縁地域を構成する一部に過ぎない。同地域に展開する町奉行単独支配地などでは、御場肝煎制はどうなっていたのであろうか。次節以降、江戸周縁地域の御場所肝煎・野羽織をめぐってどのような問題が起こっていったのかを検討していきたい。

二　野羽織と町奉行単独支配地

本節では、御場肝煎制が、町奉行単独支配地にまで展開するなかで、どのような問題が引き起こされていったのかをみていきたい。

本来、百姓地を含まない町奉行単独支配地は、鷹場の領域には含まれない。そうした場所に、御場肝煎制が展開していったときに生起する問題の分析を通して、鷹場制度自体の持つ限界性や柔軟性を明らかにしてゆこうとするものである。具体的には、新吉原町名主(15)が、野羽織となった一件を分析対象とする。

1　新吉原町名主の野羽織御免一件

新吉原町は、元文二年（一七三七）の徳川家重の御成より御場所となり、寛延二年（一七四九）二月には、大門の前にある高札場の裏へ鳥見の休憩用の腰掛が築かれていた(16)。

〔史料1〕

吉原町

右者岩渕筋御場所中ニ而右近辺　御成多之御場所ニ御座候処、右町内締之儀非常口等取極り有之、平日猥ニ出入等者不相成、定メ而御成之節者町内取締町奉行衆江御断差出候得共、一体右町外境付通冬鳥御飼付も有之、御成之節御道ニも相成候御場所ニ付、平日簾立候程ニ無之儀者最寄名主共ゟ通達為仕、且山谷土手通之内右町内持切之場所も有之候処、　御成之節者取片付御道手入等之儀手附之者ゟ為申談候得共、①右町内私共御役方手ニ附不申差掛り候儀談方も不行届平日小分之儀等迄其時々町奉行衆江申達候而も弁兼、旁不弁利之儀も御座候間、右町内名主共之内一人私共手ニ付野羽織　御免ニ而御場御用為相心得申度、左候得者差掛候儀者其者江申談為取計御道ニ相成候場所も　御成前見廻り之節差出談方仕候得者行届、御用弁も宜奉存候、勿論　②御成之節右町締り之儀者是迄之通其節々町奉行衆江御断相立全差懸り取締等之儀者私共ゟ直ニ申談候様仕度奉存候間、右町内名主共之内一人身元宜実体成者町奉行所ニ而吟味有之野羽織　御免御場御用相勤候之様申渡御座候様仕度、左候得者　御成之節も御用次第ニ而差出肝煎代りをも為相勤御用弁等も宜奉存候間、此段申上候

九月　　岩渕掛

御鳥見(17)

右の史料は、天保三年（一八三二）九月に岩淵筋の鳥見より、鳥見組頭に対して出された上申書である。これによれば、新吉原の付近は、鳥の飼付を行っている場所でもあり、また将軍御成時の「御道」にもなる場所であるとしている。

そして、傍線部①にある通り、ここは町奉行支配地であるために、鳥見よりの談じ方も不行届となり、また、少しのことでも町奉行へ達をしなければならず大変不便であるとする。そこで、町内の一人を野羽織に登用したい旨を述べている。また、傍線部②によれば、これまで通り町内の取締は町奉行へ断りを入れた上で、すべて鳥見が直に行いたいと主張している。

このように、ここでは、岩渕筋の鳥見が、新吉原町の名主を野羽織とすることによって、町奉行支配地であるという差異を超えて、取締向きを円滑に行おうとしていることが知られる。

その後、この一件は、鷹場の奥向御用を預かる御場掛が、町奉行に対して野羽織任命の是非を打診し、その後勘定奉行から、本一件について町奉行へ掛合を行っている。このとき、論点となったのは、町奉行単独支配地に、代官から任命される野羽織を認めるかということであった。前節でみたように、本来野羽織の任命は、勘定所—代官によって行われるものであった。

〔史料2〕

御鷹場内村々名主共之内、御場所人足肝煎幷肝煎同様野羽織御免被仰渡候もの有之、別紙之通御達御座候ニ付、御鷹場内ニ有之候得者、御料・私領・寺社ニ不抱御鷹野役所江呼出私共申渡、其段御届申上候先例手続ニ御座候、且町方両支配有之村町之分者右之通御座候得共、町方手限支配之分者御鷹場内御座候共、是迄野羽織御免之儀被仰渡候儀無御座候、以後町方手限支配之もの野羽織御免ニ相成候共、私共掛ニ而者差配不仕候、依之此段申上候、

以上

辰十二月

中村八太夫
山田茂左衛門
伊奈半左衛門[18]

右の史料は、御場掛り代官より勘定奉行へ出された上申書の一部である。ここでは、御場所肝煎と、野羽織の任命について述べている。これによれば、鷹場内村々については、幕領や寺社領などの支配の差はなく、すべて鷹野役所へ呼び出した上で、代官より申渡を行っている。だが、鷹場内であっても、町奉行単独支配地であれば、前例のないことであるため、村とは異なり、代官による差配は行わないとしている。

つまり、村地域については、所領支配の差を超えて、野羽織の任命・差配は代官が行っているのに、町奉行単独支配地の新吉原町については、それを町奉行所で行うことを是認しているのである。原則として、町奉行単独支配地に代官の差配を受ける町人が出てくることは、人別支配上の問題である。ゆえに勘定所―代官の側もそれに配慮して、通例とは異なって野羽織の差配は行わないとしたと思われる。

一方、町側はこの問題をどう捉えていたのだろうか。まず町年寄から町奉行へ出された上申書では、「尤年貢地町々与違ひ吉原町之儀者町方御手限之御支配場ニ付、弥々仁左衛門江被仰付候節者当御番所ニ而被仰渡可然御儀与奉存候[19]」とあり、任命は、町奉行所で行うべきであると主張している。しかし、その一方でこの上申書では、鳥見による一体的な取締、つまり〔史料1〕傍線部②の問題については何も述べていない。町方の者が鳥見の下役として任につくこと自体については差し支えがないとしているのである。

つまり、町側としては、鷹場による広域支配に対して、鳥見による取締の部分と、代官による任命・差配の部分を切り離して認識し、対応していったということになる。こうした経緯を経て、天保四年（一八三三）二月二十九日、町奉行所にて、新吉原町江戸町一丁目名主仁左衛門が野羽織に任命されることとなった。

以上のように、本一件では、町奉行単独支配地に野羽織を置き、それを通して鳥見による一体的な取締が行われようとしていることがわかる。しかし、その一方で、野羽織の人別については、町奉行所の権限を侵害しない形で、任命や差配が行われていたことが指摘できよう。

2　その後の展開

その後、天保十三年（一八四二）に仁左衛門が退役すると、町奉行単独支配地の野羽織は不在となる。このときの経緯であるが、後年の史料によると、以下のようになる(20)。

仁左衛門の跡役については、代わりの者を任命するよう、鳥見より達書が町奉行所へ出された。しかし、町奉行は、町奉行単独支配地の名主を野羽織とすることは、仁左衛門に限ったことであるとし、御場掛へ掛合を行った。すると御場掛は、跡役を申しつけなくても差し支えないと返答している。

このように、町奉行所のほうでは、あくまで町奉行単独支配地の野羽織は、仁左衛門一代の特殊な事例と考えていたのである。そして、このときはその意向が通ることとなった。

しかし、新吉原町での野羽織は必要だったとみえ、その六年後の嘉永元年（一八四八）に、再び新吉原町名主の内の一人を野羽織に登用したい旨、鳥見が町奉行へ申し入れている。その理由は、岩淵筋は御成が多く、とくに近年、「龍泉寺村耕地右町内境間近」で鶴の飼付も行われていることにあった。この問題に対して、町年寄は次のように町奉行へ答申をしている。

〔史料3〕

右仁左衛門首尾前段之通有之、甲斐守殿御勤役中右代り相止ミ、尤甲斐守殿御書面之如く、御料所・町方・寺社入合両御持場名主共之外、御手限御支配町々名主之内右様被仰付候者仁左衛門一例ニ御座候得共、猶勘弁仕候処、吉原町之儀者市中を離れ、境外在地御場中ニ付、平日共御用可有之、右町名主御場掛之儀外町々御手限場内江可押移様者無之、市中町方与者差別有之、堅御差止可被成儀ニ者有御座候間敷哉与奉存候[21]

右の史料によれば、本来町奉行単独支配地の野羽織は仁左衛門のみの特例であったが、①新吉原町は市中を離れ、「境外在地御場中」にあり、恒常的に御用がある場所であること、②さらにこの御場御用を外の町奉行単独支配の町々へ「押移」ことはなく、「市中町方与者差別」があること、この二つの理由から、差し止める必要はないと答申している。

その後この答申に沿う形で野羽織任命へと進んでいく。新吉原江戸町二丁目の名主佐兵衛と、同町一丁目の名主仁左衛門が候補として浮上し、そのうち佐兵衛が野羽織に任命された。ここでは、町奉行所の見解が変化してきていることが看取される。町奉行所単独支配地での野羽織任命は特例としながらも、吉原を市中外の在地とし、隔離する論理を展開している。

つまり、これまでは、町並地と異なり、先例のない町奉行単独支配地における野羽織設置の是非が問われていたのであったが、今度は、地理的に市中内か外かという点に論点が移されているのである。ここでは、御場の中にあるという新吉原町の特殊性、および野羽織の任命がその他の市中の町へ拡大されないことを条件に、町奉行所でも同意に至ったことが知られる。

こうしてまた改めて設置された野羽織であるが、嘉永五年になるとさらに増員されている。ここでは新吉原江戸町二丁目名主佐兵衛に加え、同町一丁目名主仁左衛門（天保四年に野羽織となった仁左衛門の子）が二人目の野羽織に任命されている[22]。これは、佐兵衛からの申し出によるもので、「右町内之儀者外市中共違、町役取扱も廉多ニ有之、其上名主共持場も夫々相分り居候間、御場御用壱人勤ニ而者取扱いたし兼候義も有之[23]」としていることによる。これについては、町奉行も差し支えないとして、嘉永五年三月の任命に至った。

このとき町奉行は、御成時の取締のみを問題とし、町奉行単独支配地で野羽織が増員されることについては、とくに意見を述べていない。町奉行としても、新吉原町に野羽織が置かれること自体は了承していることが確認できる。

以上のように、本節では、新吉原町における野羽織任命の過程について分析してきた。この結果、①町奉行単独支配地であっても野羽織の任命が可能であったこと、②野羽織は通例と異なり、代官による任命・差配を受けなかったこと、③町奉行側は、特例→市中外と論理を展開させつつ、野羽織の町奉行単独支配地への設置を受け入れたこと、以上三点について指摘しておきたい。

三　御場肝煎制の苗字御免と町方

本節では、御場肝煎制の苗字御免の問題について考察を加える。「はじめに」で記した通り、御場所肝煎は、一〇年の精勤によって一代限りの苗字を許されていた。しかし、それは、江戸町方の苗字御免の制度とは異なったものであった。そして、江戸周縁地域においては、江戸の町方名主と村方名主を兼ねるものが多くいたため[24]、町と村の制度の違いによって、新たな問題が生じてくる。とくに、苗字御免は褒賞であるため、よりいっそう問題は複雑になった。

本節では、それを明らかにしてみたい。

1　江戸町方の苗字御免

まず、江戸町方における苗字御免の全体像を簡単にまとめておきたい。江戸時代では、町人についても、百姓同様に苗字の公称が禁じられていたが[25]、例外的に御用達町人[26]や町年寄[27]、草創名主[28]などは許されていた。町名主ということで言えば、草創以外の町名主（古町名主・平名主）については、苗字公称を許されていなかったのである。ただし、御用を務める町名主については、その御用を務めているときのみ、苗字が許されることになる。たとえば江戸伝馬町名主は、安永六年（一七七七）に伝馬御用のときのみ苗字を名乗っていることを答申している[29]。また、近世後期になると、江戸の町名主の職分に基づき、苗字を許されるものも登場してくる。それが、天保十三年（一八四二）の熊井理左衛門ほか三名主の苗字御免であった。これは、天保改革へ江戸の名主たちを動員・活用する策として、とくに行政能力や改革への「出精」を評価された、深川熊井町名主理左衛門・牛込改代町名主三九郎、および小石川金杉水道町名主の市郎右衛門の三名を惣名主上席という地位に抜擢したものである[30]。そして、一身代の苗字を許された[31]。

こうしたことを踏まえた上で、次に御場肝煎制をめぐる苗字の問題をみてゆこう。

2　町方の御場所肝煎と苗字

第二節第1項で述べた通り、町並地においては、御場肝煎制が布かれていた。結論から言えば、町方の御場所肝煎についても、村方同様に、一〇年の精勤で苗字御免となっていた。

たとえば、駒込富士前町の名主五郎兵衛は文政元年十二月十九日に「御場拵御用精勤」を理由として、また大塚上町名主三十郎は、天保七年十二月二十八日に「御場人足肝煎年来精勤」として苗字を代官より申し渡されている(32)。そして、こうした御場所肝煎の苗字許可は、その他の地方御用を務めている町名主の苗字御免の先例ともなった。一例として、安政四年（一八五七）における下高輪町名主の苗字許可一件を挙げたい。

この一件は、御台場御普請御用を務め、功績のあった下高輪町名主権左衛門を、一身代の苗字御免とするかどうかが問題となったものである。下高輪町は町並地であり、その町名主は、下高輪村名主を兼帯していた。それゆえ、苗字御免については村の支配代官よりまず申し立てられ、それを受けて勘定奉行より町奉行へその問題点の有無について掛合が行われた。

このとき町奉行は、とくに問題はないとしながらも、苗字の取扱については、先年御場所肝煎として勤中苗字を許された、駒込富士前町名主と同様に考えていると答えている(33)。こうした結論に至ったのは、町年寄より町奉行へ出された次の上申書に基づいたものと考えられる。

〔史料4〕

一場末町々名主之内、御場御用相勤候駒込富士前町名主五郎兵衛数年出精相勤候ニ付、嘉永二酉年閏四月勤中苗字相名乗候様松平和泉守殿江御伺石河土佐守殿被仰渡候段、御代官斎藤嘉兵衛申渡候趣届出候得共、町名主之方江者苗字相用不申候

右之通御座候前書高輪町名主権左衛門義、当巳五拾二歳ニ相成、人物ニおいて申分等無之者ニ候得共、此度之義者市中之義ニ無之地方別而内海御台場御用骨折候御賞ニ付、前条御場御用名主共振合を以一代苗字御免被仰付、右例之通町名主之方江者苗字不相名乗候ハヽ、町御奉行所御所置ニも不相振可然哉与奉存候、此上権左衛門市中

共弥精勤之上ハ此方様方ゟも被仰上平等ニ御免相成候様仕度義ニ御座候(34)

ここでは、嘉永二年（一八四九）四月に駒込富士前町名主が御場御用を務めていて苗字御免となった例を挙げ、この場合も、町名主としては、苗字を用いていないとする。そして下高輪町名主の場合は、市中のことではなく地方御用のことであるので、御場御用名主の例と同様に捉え、町名主としては苗字を名乗らせないことが至当であると述べる。その上で、この後市中のことで権左衛門が精勤すれば、町奉行よりも「平等之御免」をすればよいとする。

つまり、ここでは、「地方」という共通点から御場所肝煎の苗字許可を先例として、苗字御免を取り扱っていることになる。このように、村と町が混在する江戸周縁地域において、御場所肝煎の苗字御免は、一つの先例として大きな意味を有していたことが知られるのである。

3　嘉永二年の一件

それでは、御場肝煎制により町名主が苗字御免となることについて生じた問題について明らかにしたい。それは、〔史料4〕に現れた、町名主としての苗字の名乗りの問題である。ここでは、史料中にある、駒込富士前町名主の事例を分析する。

嘉永二年（一八四九）四月二十三日、御場所肝煎である駒込富士前町名主今井五郎兵衛は、鷹野役所へ呼び出され、肝煎役勤中の苗字を許された。これを受けて、御場掛へ鳥見組頭より次のような上申書が出された。

〔史料5〕

右両人、御場所人足肝煎数年相勤候ニ付、勤之内苗字　御免之者ニ而、町方名主兼相勤候処、町方勤向ニ而町奉行所之方江者苗字相名乗候儀差扣罷在候由、苗字　御免之上ハ何れも苗字相名乗候様致度、尤、町方ニ而苗字難相成と申儀ニ者無之候得共、町奉行迄何れゟ歟達ニ而も無之而者、相名乗兼候意味合茂御座候由ニ而、相歎罷在候、右苗字御免之儀者、御勘定所江掛合、同所取扱ニ而伺之上申渡有之候間、私共ゟ者何れ江も達等不仕候、然ル処、①右名主共苗字　御免之儀、町奉行所江達し有之候様致度申聞候、一体御手当少ニ而相勤、苗字　御免而已難有相勤候之間、　御免之上者何方江も相名乗候様為仕度奉存候間、右両人苗字　御免之儀町奉行江御掛合被下、可相成者町奉行ゟ町年寄迄達有之候様仕度、②此以後町方兼帯之者苗字　御免御座候節者、私共ゟ町奉行江相達差支之筋無之哉、右之段御懸合被下候様仕度、此段申上候、以上

酉六月

後藤與兵衛
田口小右衛門(35)

これによれば、御場所肝煎については、天保七年(一八三六)十二月に大塚上町名主、嘉永二年閏四月に上駒込村駒込富士前町名主の二人が勤中苗字を許されたが、町方の勤向きについては、苗字を名乗ることを差し控えていたとしている。

しかし、鳥見組頭としては、①この両名がどこでも苗字を名乗れるようにすること、②町方兼帯の名主が苗字御免となったときは、鳥見より町奉行へ直接「達」を行うこと、の二点について、御場掛を通して町奉行へ掛合を行った。

これを受けて町奉行は、町年寄へこの問題を下問した。町年寄は町名主の苗字について、次のように、町奉行へ答申している。

〔史料6〕

右御鳥見組頭中御書面御渡被成候間、私共評議仕候処、町方名主共之内堀江町熊井理左衛門・新材木町石塚三九郎・長谷川町鈴木市郎右衛門等者、名主役ニ而於町御奉行所苗字御免被仰付候間、他向江も苗字相名乗候者勿論

之儀ニ有之、大伝馬町名主勘解由、南伝馬町同新右衛門・善右衛門、小伝馬町同五郎三郎等者、御伝馬役相兼其向江者苗字相唱、本石町名主孫兵衛・本町三丁目同文左衛門儀ハ馬喰頭相兼、御厩向江者帯刀も仕候得共、都而主役名主之方ニ而苗字相名乗不申仕来ニ御座候、御場人足肝煎之儀も、名主ゟ相兼候儀ニ付、同様之訳与奉存候、其上御場向相勤候者、多分場末之名主共ニ御座候処、主役之方ニ而も苗字相唱候而者重立候様相聞、場所柄名主共気受ニも拘り、且、右兼勤ニ而苗字相名乗候名主共、追々主役之方江相用候様歎願可仕哉、左候得者、主役・兼勤之差別相混、往々市中取締ニも相響可申哉ニ御座候、依之、今般御鳥見方書面之趣ニ相成、於私共可然共難申上奉存候、則御渡被成候書面返上、此段申上候、猶御組市中取締懸江も御下ケ御座候様仕度奉存候、以上

酉七月[36]

これを要約すれば、左の通りとなる。

(1)熊井理左衛門などは、町奉行所で町名主として苗字を許したのだから、他で苗字を名乗ったとしても当然である。

(2)伝馬町名主などは苗字を許されているが、名主としては、苗字を名乗っていない。御場所肝煎もこれと同様に考えるべきではないか。

(3)御場所肝煎は、多分に場末の名主がいるので、町名主としても苗字を名乗るとすると、「重立」っているように聞こえ、江戸中心部の名主の気受にも関わることになる。さらに、伝馬町のような場合までも追々町名主として苗字を名乗ることを求めてくる。そうなれば、「主役・兼勤」の差別が生じ、市中取締方にも問題が出てくるのではないか。

つまり、御場所肝煎の苗字は、三名主の苗字とは違い、伝馬町名主などの苗字に近いものであるという見解を示している。また、場末名主が苗字を名乗ることによって町の秩序が乱れてゆくことを危惧している。もとより熊井らも

場末の名主であるが、彼らは江戸市中のために精勤したものであり、御場所肝煎のように市中外の役割を果たしたのとは明らかに違うとしているのである。ここには町年寄による市中・外を分ける意識をはっきりと見ることができよう。

町奉行では、町年寄の答申を受け入れ、あくまで町方名主として苗字を名乗るには、市中の役前において特別の功績があったものに限るという見解を出し、御場所肝煎もその他の御用を担っている町同様、認められないという結論を出している。

安政四年（一八五七）に名主五郎兵衛から町奉行所へ提出された史料(37)によれば、次の二点が記されている。

⑴嘉永二年五月、五郎兵衛は、町奉行所にて苗字についての心得方を尋ねられ、先代・先々代まで名札などには苗字を記していたが、訴状などの文書については、自分の苗字を記さないで提出していたことを上申した。

⑵安政四年の御尋においては、訴状はもちろん、名札にても苗字を認めていないことを上申した。

結局、町奉行側の主張が通り、駒込富士前町名主としての苗字は、御場所肝煎としてのものに限定され、町名主として用いることはできなかった。つまり、鷹場制度の下で認められた苗字御免を、町方の制度に持ち込むことは、はっきりと拒絶されたのであった。しかし、それは、単純に地方と町方で制度が異なるために否定されたのではない。町年寄の答申にもある通り、この苗字が認められれば、場末の名主が中心部の名主の上位に立つようになってしまい、市中の秩序を混乱に陥れてしまう。こうしたことを避けるためにはあくまで「市中」での功績という大義名分が必要であった。

以上、本節では町方の御場所肝煎の苗字御免の問題を通じて、鷹場制度と町方の問題について分析を加えた。

おわりに

本章で明らかにされたことをまとめれば、次のようになる。

⑴御場肝煎制の中で、文政期以降には、野羽織という御場所肝煎の下役が設置された。そして、江戸町並地には、寛政期～弘化期を通じて、御場所肝煎や野羽織を務める町名主が存在していた。

⑵天保四年（一八三三）以降、町奉行単独支配地である新吉原町においても野羽織が設置された。しかし、通常の野羽織と異なり、代官差配ではなく、町奉行が差配を行っていた。一方で、町奉行側は、はじめこれを特例と認識していたが、のちに、吉原を市中外と認識することによって、町奉行単独支配地に野羽織が設定されることを受け入れている。

⑶町並地においては御場所肝煎の苗字許可はあくまで御場御用のときのみとされた。鳥見は、町名主としても苗字を名乗れるようにすることを求めたが、結局は町奉行側からは許可されなかった。そこでは、市中という秩序が重視された。この時期に、同じ場末の名主として、熊井理左衛門らが市中における勲功によって苗字御免となったが、それとは差別化が図られていた。

これらのことからまず指摘できるのは、江戸周縁地域における鷹場制度の拡大と限界である。御場肝煎制の町奉行単独支配地への展開や、御場所肝煎としての苗字公称の拡大要求に見られるように、鷹場制度は、それは単に在方の制度というわけではなく町・村の差異を超えて拡大する姿勢を見せるものであった。しかし、一方で、あくまで野羽織が町奉行所の差配とされたこと、また御場所肝煎としての苗字を一町名主として名乗ることを認められなかったことから明らかなように、鷹場制度が、江戸の町方としての秩序やシステムを乗り越えて村と町を一体化してゆくことには歯止めがかけられていた。

次に、こうした動向が江戸市政に与えた影響である。それは、市中・市外認識の強化である。御場肝煎制の町奉行単独支配地への展開について、江戸町奉行は、吉原を江戸の市中外とする線引きを行い、また苗字の問題については、市中を強調することによって、差別化を図っている。このような線引きや認識強化の中で、市中の秩序を保っていった。鷹場制度という在方システムの町方への展開は、こうした町奉行所の市中・市外認識にも影響を与えていたと言えるだろう。

以上のように、鷹場制度は江戸周縁地域においては、その一体化機能によって村と町の差異を乗り越えることはできなかったのである。そこでは、町方の反論にあい、逆に市中の内と外という差異を町方に再認識させることとなった。鷹場制度は町と村の差異を超えた一元的な支配を志向しつつも、町方と村方の行政制度としての違いを踏まえつつ、結果として二つの制度を共存させていったのである。この柔軟な性質が鷹場制度の行政制度としての本質だったのである。

註

（1）　江戸周縁地域の村や町には武家の抱屋敷が数多くあり、主にその役負担のあり方やそれを通じて結ばれる社会関係について検討が行われてきた（原田佳伸「村の中の武家地―武家抱屋敷の土地・貢租をめぐる諸相―」〈宮崎勝美・吉田伸之編『武家屋敷―空間と社会―』山川出版社、一九九四年〉、中野達哉「江戸周辺農村における武家抱屋敷と地域社会」〈『関東近世史研究』三九、一九九六年。のちに、中野『江戸の武家社会と百姓・町人』岩田書院、二〇一四年に収録〉）。また最近、将軍の鷹狩に対して、抱屋敷を設置している藩がどのように対応したかを検討した論文も出されている（中野達哉「江戸・江戸周辺地域の武家屋敷と将軍の鷹狩り」〈『駒沢史学』六七、二〇〇六年。のちに、中野前掲書に収録〉）。

（2）根崎氏は、これまでの先行研究において、御府内の外からが将軍家の鷹場であったかのように記されているものが多いが、実際は御府内のほとんどの村町は将軍家鷹場に組み込まれていたと指摘している（根崎光男『将軍の鷹狩り』〈同成社、一九九九年〉一四八頁）。しかし、この地域における鷹場支配の実態は明らかにされていない。
（3）小國氏は、江戸周縁部の町も鷹場に設定され、鳥見の支配を受けていたことを明らかにしている（小國喜弘「幕末江戸周縁部の町・町名主に関する一考察―『辻氏御用留』の分析を中心に―」〈『論集きんせい』一二、一九九〇年〉）。しかし町であることの特殊性や支配の問題を含めての検討はなされていない。
（4）本書第二部第一章。
（5）本書第一部第一章。
（6）慶応元年、葛西筋の肝煎を務めていた細野稽三郎が、管見の限り最も遅く確認される御場所肝煎である（『江戸川区郷土資料集』七、八五頁）。
（7）野羽織については、御場所肝煎勤方、肝煎助役などとも呼称される。本書では、野羽織に統一する。
（8）文政九年十一月、多摩郡猪方村名主善次郎が、野羽織着用を申し渡されている（『世田谷区史料叢書』四、二九二頁）。
（9）『大日本近世史料』市中取締類集七、六九～七一頁。
（10）前掲註(8)。なお、この猪方村名主は、天保三年九月には、「肝煎」を名乗っていることが確認される（『世田谷区史料叢書』五、二〇七頁）。その後、天保五年十月には、清水御借場の肝煎役となっている（同、二九〇頁）。
（11）『武蔵国豊島郡角筈村名主　渡辺家文書』二、一七一・一八二頁。
（12）前掲『武蔵国豊島郡角筈村名主　渡辺家文書』二、一六二～一八二頁。
（13）前掲註(9)。
（14）『目黒区史　資料編』一八三～一八四頁。『大日本近世史料』市中取締類集七、七〇頁。
（15）新吉原町の名主については、塚田孝「吉原　遊女をめぐる人びと」（高橋康夫・吉田伸之編『日本都市史入門』Ⅲ、東京大学出版会、一九九〇年。のちに、塚田『身分制社会と市民社会―近世日本の社会と法―』〈柏書房、一九九二年〉に収録）を参照のこと。
（16）『洞房古鑑』（東京誌料〇七九一―六八、東京都立中央図書館所蔵）。

(17)『諸向掛合』分冊二（旧幕府引継書、国立国会図書館所蔵）。

(18)『天保撰要類集』六十四下（旧幕府引継書、国立国会図書館所蔵）。

(19)前掲註(18)。

(20)以下の天保十三年の仁左衛門退役についての記述は、「新吉原町名主野羽織着用御場御用為相勤度御場掛ら懸合調」（『大日本近世史料』市中取締類集七、五九～七五頁）による。

(21)『大日本近世史料』市中取締類集七、六七～六八頁。

(22)以下の増員についての記述は、「御成之節新吉原町名主共之内野羽織御免之者増人之儀ニ付調」（『大日本近世史料』市中取締類集八、二九八～三〇七頁）による。

(23)『大日本近世史料』市中取締類集八、三〇四頁。

(24)吉原健一郎『江戸の町役人』（吉川弘文館、江戸選書四、一九八〇年）六六頁。

(25)豊田武『苗字の歴史』（中央公論社、一九七一年）一三八頁。

(26)御用達町人の苗字については、北原進「御用達」（西山松之助ほか編『江戸学事典』弘文堂、一九八四年）、竹内誠「『寛政改革と勘定所御用達』再論」（『徳川林政史研究所研究紀要』昭和四十六年度、一九七二年）、前掲註(24)吉原著書などに詳しい。

(27)前掲註(24)吉原著書、一五一～一五二頁。

(28)草創名主は、安永六年までは、献上物の名札に苗字を記してきたが、同年以後は記さなくなった。もっとも、ほかに御用を務めている者は引き続き苗字を記している。また、町奉行が交代するときの総名主目見得においては、草創は苗字を認め、名前順書を町年寄へ提出している（『大日本近世史料』市中取締類集五、二四九～二五〇頁）。

(29)「御伝馬方旧記」一九（『東京市史稿』産業篇二五、六二四～六二六頁）。

(30)小林信也「天保改革と江戸の名主」（藤田覚編『幕藩制改革の展開』山川出版社、二〇〇一年。のちに、小林『江戸の民衆世界と近代化』〈山川出版社、山川歴史モノグラフ一、二〇〇二年〉に収録）。

(31)『大日本近世史料』市中取締類集二三、一一九～一二〇頁。

(32)『大日本近世史料』市中取締類集五、二八〇～二八一頁。

(33)南和男編『旧幕府引継書影印叢刊一〇』市中取締続類集二（野上出版、一九八六年）、八五～八六頁。

(34) 前掲(33)『旧幕府引継書影印叢刊一〇』市中取締続類集二、九二頁。
(35)『大日本近世史料』市中取締類集一七、八四頁。
(36)『大日本近世史料』市中取締類集一七、八七～八八頁。
(37) 前掲(33)『旧幕府引継書影印叢刊一〇』市中取締続類集二、八九～九〇頁。

結章　本書の総括

以上、三部六章にわたって、江戸周辺地域における鷹場制度について分析を行ってきた。全体の結論を示す前に、各部各章の内容をまとめておきたい。

第一部「化政期における鷹場制度の変容」では、化政期以降に鷹場制度がどのように変わっていったのかを明らかにし、鷹場制度を立て直し、江戸と周辺農村をともに統制していく幕府の姿勢を浮き彫りにした。

第一章「御場肝煎制の確立」では、鷹場に知悉した地域の人材を、鷹場役人として登用する御場肝煎制について明らかにした。鳥見の下で御場所の整備などにあたる御場所肝煎は、文政八年（一八二五）以降、江戸廻り六筋に設置され、また鷹野役所の下で将軍御成を円滑に進める役割を担った鷹野人足肝煎は、文化七年（一八一〇）以降に設定されている。これら肝煎は地域と幕府を結ぶパイプ役としての役割を果たしており、鷹場制度の行政システムは化政期に完成したことを明らかにした。

第二章「江戸と周辺地域の一体的な統制」では、文政六年（一八二三）に浅草寺に対して行われた鳥見の統制について検討した結果、この時期以後、境内建物の新規取建・修復・模様替や、境内の間口五間以上の小屋掛、および御成前夜の出火・異変については鳥見への届出が義務づけられるようになったことが明らかとなった。また、この統制は、文政期における鷹場取締強化策の一環であり、幕府は村と町が一体となっている鷹場の利点を生かしていたのである。

第二部「鷹場制度と差別化機能」では、世田谷領や江戸を対象として、実際に鷹場が地域の中でどのように作用していたのか分析を試みた。

第一章「鷹場旅宿負担と地域」は、鷹野役の個別性に着目し、世田谷領や江戸周縁地域を対象にその賦課―負担の実態を分析したものである。その結果、世田谷領においては、御用人足については、一領的な役負担の枠組みが維持されているものの、鷹場役人の旅宿負担については、御場所（御成御場所）ごとの負担枠組みが形成されていくことを明らかにした。また江戸周縁地域においては、鷹場役人の宿泊御用という同様の負担でありながら、御鷹御用宿と村方の旅宿負担が混在しており、鷹場による一体化論理をもってしても、この村と町の論理を乗り越えることができなかったことを論証した。ここから、従来の研究で、御用人足と旅宿負担をひとくくりに「鷹場役」としてきた誤りを指摘した上で、鷹野役としては均質化とは逆の地域の差別化・差異化の論理となっていたことを指摘した。

第二章「御三卿鷹場と地域」においては、世田谷領を中心に展開した清水御借場を題材として、御三卿鷹場と地域のあり方について分析を行った。その結果、①御三卿鷹場は御拳場の中に重層的に配置され、一つの御成御場所（御場所）として幕府・地域双方から認識されていたこと、②御三卿鷹場には様々な負担があり、領や鷹場組合村でも一律に負担を請け負っていたわけではなく地域性が生じていたこと、③そうした地域性によって新たな地域結合が生じたことを指摘した。総じて、御三卿鷹場によって地域の差異化・差別化が生じていたことを明らかにした。

第三部「行政制度としての鷹場」では、鷹場制度が幕末期まで活用された理由を探るために、鷹場の行政制度としての特質性を分析した。

第一章「鷹場制度と個別領主」では、彦根藩世田谷領の在地代官（世田谷代官）大場家と御拳場目黒筋在宅鳥見との関係を通して、幕府広域支配と個別領主支配との関係性について分析を行った。その結果、鳥見による広域支配

（治安維持・風俗取締）も、在地代官大場の意向を汲み取り、その協力の下に進められたことを明らかにした。そして、その関係は、化政期以降に江戸周辺地域に展開していったもう一つの幕府広域支配制度である、関東取締出役―改革組合村編成とは異なり、鷹場制度は個別領主権を超越せず、それと協調しながら広域支配を進める行政制度であったことを明らかにした。

第二章「鷹場制度と江戸町方」では、江戸周縁地域における御場肝煎制について分析を加え、主に村と町の関係の中で、鷹場制度がどのような作用を及ぼすか検討をした。その結果、町奉行単独支配地への「野羽織」設置や、苗字御免の拡大など、鷹場制度は、村と町の差異を超えて拡大する姿勢を見せるものの、最終的にはその差異を超えることはなかった。鷹場制度は町と村の差異を超えた一元的な支配を志向しつつも、町方と村方の行政制度としての違いを踏まえつつ、二つの制度を共存させていったのである。この柔軟な性質こそが鷹場制度の行政制度としての本質であると結論づけた。

これらを踏まえて、最後に本書全体の結論を述べたい。江戸周辺地域と鷹場の研究史では、鷹場による地域編成―地域の一元化・均質化に着目する論と、鷹場制度を多元的な広域支配制度の一つとしてみる論とが対立している。それに対して本書では、「緩やかな一元化」を志向しながらも、実態としては地域の差異化・差別化をもたらす広域支配制度として鷹場制度を位置づけ、この議論を止揚したい。

鷹場制度は、江戸五里四方の地域において、領主支配の別や村と町の別を超えて、一体的な役賦課や治安維持を可能にする制度であった。その制度は、享保期に成立し、寛政期に改編を余儀なくされる。この改編は、御鷹野御用を担ってきた伊奈氏が没落することによるものであった。従来の研究史では以上のように指摘され、以後の鷹場制度については静態的に捉えられてきた。

これに対して筆者は、化政期に御場肝煎制の確立により、地域に知悉した人材を鷹場役人として取り立て、制度としての立て直しが図られたことを明らかにした。そして、改革組合村制にはない江戸と周辺農村とを一体的に捉えられる鷹場の強みを生かし、幕末期まで独自の広域支配制度として存続していったことを述べた（本書第一部）。

しかし、鷹場制度は、従来の地域編成論で論じられているような実際に地域の一体化・均質化を進めるような作用はせず、したがってその支配地域である江戸城城付地が近代首都圏の前提となるものではなかった。むしろ地域においては、将軍家鷹場・御三卿鷹場などいくつもの鷹場が並立し、また鷹場負担においては、御用人足・旅宿負担・江戸城上納役など多様な役賦課システムが併存する中から、実態としては地域の差別化・差異化を促進するものであったのである（本書第二部）。

それでは、なぜこのような鷹場制度が存続しえたのであろうか。そこには、鷹場制度自体のもつ、行政制度としての性格があるように思われる。鷹場制度は、支配領主の枠を乗り越えるものであるが、藩領在地代官と鳥見との密接な関係の下に鷹場支配が行われていたように、実際は個別領主権を越えるものではなく、相互の協調を前提とした支配であった。また、村と町の行政上の差異を乗り越える志向性を示しながらも、最終的には町方の制度に依拠し、村の制度を鷹場領域全体に貫徹させることはなかった。このような面は、たとえば後発の関東取締出役―改革組合村制とは性格を異にするものであり、行政制度としての特質ともいえるものであった（本書第三部）。

このように、鷹場制度は広域支配制度として江戸とその周辺地域を一体的に支配する意図は有していたが、その一元化の論理は緩やかなものであり、それは、個別領主支配や行政の枠組みを超越した急進的な一体化を目指すものではなかったのである。そして、実際に地域においては、均質化ではなく、地域の差別化・差異化をもたらすこととなった。大石学氏らによる鷹場による編成論―均質化論はあくまで、鷹場制度の表層だけを掬い取り、支配の側の論理をそのまま近代化論へと結びつけているものと言える。

しかし、伊藤好一氏らの述べるように、鷹場制度を江戸周辺地域に存在する多元的な行政支配の一つとして捉えるのでは、鷹場の特質を捨象し、江戸周辺の地域性も見えなくしてしまうものである。畿内地域では享保期以降に鷹場が設定されていないことを考えあわせても、江戸周辺地域における鷹場制度のもつ意味は、広域支配制度の一つに留まるものではない。もしそうであるならば、幕府はなぜ化政期以降も鷹場制度を立て直し、江戸と周辺地域を一体とした統制を行ったのであろうか。

鷹場制度は、江戸周辺地域の中にあって、一元的な支配を志向するものであったが、それは、あくまでも緩やかなものであって、地域の一体化・均質化をもたらすものではなかった。それゆえにこそ、鷹場制度は形を変えながらも享保期から幕末期まで存続することが可能だったのである。つまり、鷹場制度は、幕府と個別領主支配、または村方と町方の支配の別を緩やかに乗り越える行政制度だったのであり、その有意性を生かして関東領国体制を支える機軸の一つとして存続していったのである。

あとがき

本書は、成城大学に提出した博士学位論文「江戸周辺地域における鷹場の研究」（平成二十一年〈二〇〇九〉二月二十四日学位授与）をもとに、その後の研究成果も加えて一書にまとめたものである。初出論文などは次の通りとなる。

序章「研究史の整理と本書のねらい」（新稿）

第一部第一章「江戸周辺鷹場と御場肝煎制―化政期を中心に―」（『地方史研究』第六三巻第六号〈通巻三六六〉、地方史研究協議会、二〇一三年一二月）

　第二章「文政期における鷹場と江戸―文政六年の浅草寺境内普請統制を中心に―」（『関東近世史研究』第七一号、関東近世史研究会、二〇一二年二月）

第二部第一章「鷹場による地域一体化論の再検討―旅宿負担の分析を中心にして―」（『関東近世史研究』第五六号、関東近世史研究会、二〇〇四年八月）

　第二章「江戸周辺の地域編成と御三卿鷹場」（日本歴史学会編『日本歴史』第八〇七号、吉川弘文館、二〇一五年八月）

第三部第一章「将軍家鷹場鳥見と藩領在地代官」（『常民文化』第三一号、成城大学常民文化研究会、二〇〇八年三月）

　第二章「御場肝煎制と江戸の町」（『史潮』新第七六号、歴史学会、二〇一四年一一月）

私が江戸時代のことを研究するようになったのは、生まれ育った東京世田谷の二つの史跡が関係している。それは、幕末の大老井伊直弼の墓所と松陰神社である。中学生のころから井伊直弼が好きで、井伊家の菩提寺である豪徳寺をよく訪れていたのだが、どうにも不思議だったのは、そこから一キロに満たない距離に松陰神社があることであった。井伊直弼と吉田松陰。この二人が世田谷の地で、なぜ、かくも至近に眠っているのか。私が江戸の周辺地域に興味を持つ原点となった。

彦根藩には世田谷領という飛地領があり、その中にあった豪徳寺が井伊家の菩提寺になっていたこと、また世田谷の若林村に長州藩の抱屋敷があり、その関係で同地に吉田松陰が葬られたことは本で読んで納得した。しかし、なぜ世田谷にそのような飛地領や抱屋敷があるのか。江戸の周辺地域がどういう場所なのか興味は深まるばかりだった。

郷土の歴史に興味を持った私は、高校三年生になると、世田谷区立郷土資料館の近世文書解読入門講座に参加した。ブレザー・ネクタイ姿の高校生がいるのは珍しかったとみえ、学芸員の武田庸二郎先生にはとかく目をかけていただき、以後、世田谷の近世史について今日に至るまでいろいろとご指導をいただいている。

成城大学文芸学部に進学し、吉原健一郎先生のゼミに所属してからは本格的に江戸周辺地域に求められた役割について研究を始めた。先行研究を調べて、論文を読み進めるうち、鷹場の在り方が一つの論点となっていることがわかった。そこで、卒業論文では、鷹場を含めた夫役負担について、世田谷の太子堂村を事例に研究した。

大学院に進むと、関東近世史研究会・地方史研究協議会・歴史学会などさまざまな学会に参加するようになった。優れた研究報告を拝聴するたびに、自分の研究の至らなさを痛感し、鷹場研究で何ができるのか悩み考える毎日であった。しかし、そうした中で多くの研究者に出会い、真摯な議論を重ねたことは、かけがえのない財産となった。

何とか修士論文を書き上げて、博士課程に進んだが、研究をどのように進めていけるかは五里霧中の状況であった。一つの転機となったのは、博士課程の二年目から徳川林政史研究所の研究生となったことである。研究所での史料整理や、森林管理局所蔵史料調査に参加する機会を得て、史料の読み方や扱い方など調査の基本から教えていただいた。また年に一度の研究会では、数多くの忌憚のないご意見、ご助言をいただき、自分の研究を進める大きな助けとなった。思えばこの研究生生活は、暗中にいる私に一筋の光明を与えてくれるものであった。所長の竹内誠先生をはじめ、研究所の皆様に厚く御礼を申し上げたい。なかでも、当時主任研究員であった太田尚宏氏には、鷹場についてはもちろん、協力して研究を進めていく心構えについて、厳しくも温かいご指導を賜った。心より感謝を申し上げたい。

かくして、大学院時代は、学会や林政史で自分の研究を深めていったのであるが、母校での日々も忘れることはできない。毎回のゼミの後には、先生の研究室でお茶を飲みながら近況を語りあうのが恒例となっていた。このときの、小沢詠美子氏をはじめとした先輩方や、ゼミの仲間との何気ない会話がどれだけ励みになったか知れない。指導教官の吉原先生には、「研究とは自分一人の孤独な戦いだ。大いに外回りをして、多くの研究者と意見を戦わせてきなさい」と言われた。私は師匠の教え通りに、外の世界を自由に泳ぎ回ったが、それをじっと見守り、陰で支えてくれたのが師匠であった。まったくのんびりした性格の私は、なんとか鷹場の研究で論文をまとめ、博士の学位を得ることができた。主査の吉原先生はじめ、副査の篠川賢先生、宮崎修多先生に改めて御礼を申し上げたい。

師匠の吉原先生は、平成二十四年三月に鬼籍に入られた。本書を読んでいただけなかったことは心残りであるが、師匠は「まったく山﨑らしいな」と苦笑いしながら、煙草を燻らせているのではないだろうか。一五年にわたってご指導をいただいたことに心からの感謝の意を表し、本書を捧げたい。

お世話になった方々のお名前はここで書き尽くせるものではない。世田谷の近世史を研究するにあたって多大なるご指導を賜った森安彦先生、高校・大学の先輩で研究をいかにまとめていくかご教示下さった外池昇先生、関東近世史研究会で大会報告批判をして下さり、その後も研究のアドバイスをいただいている斉藤司氏、江戸文化研究会などさまざまな研究会への参加を呼び掛けて下さった石山秀和氏、そして現在「日本列島における鷹・鷹場と環境に関する研究会」でお世話なっている福田千鶴氏、武井弘一氏、いずれの方々にも深甚なる謝意を表したい。

腰の重い私は、学位授与から何年も一書にまとめ上げることができずにいたが、篠川先生に構成などを含め親身に相談にのっていただき、ようやく刊行に辿り着くことができた。

出版にあたっては、吉川弘文館の並木隆氏、歴史の森の関昌弘氏に編集作業などで多大なご尽力を賜った。厚く御礼を申し上げたい。

最後に私事ではあるが、自由気ままな息子を温かく見守ってくれている父久道と母咲子、そして常に私を支えてくれる妻真紀に謝意を表し、結びとしたい。

二〇一七年一月

山﨑久登

索　　引

あ　行

か　行

さ　行

た　行

な　行

は　行

ま　行

や　行

ら　行

著者略歴

一九七七年　東京都に生まれる
二〇〇七年　成城大学大学院文学研究科博士課程後期単位取得退学
二〇〇九年　博士（文学）
現在　東京都立新島高等学校教諭

〔主要論文〕

「江戸周辺鷹場と御場肝煎制—化政期を中心に—」（『地方史研究』第六三巻第六号、二〇一三年）
「御場肝煎制と江戸の町」（『史潮』新第七六号、二〇一四年）
「江戸周辺の地域編成と御三卿鷹場」（『日本歴史』第八〇七号、二〇一五年）

江戸鷹場制度の研究

二〇一七年（平成二十九）四月十日　第一刷発行

著者　山《やま》﨑《ざき》久《ひさ》登《と》

発行者　吉川道郎

発行所　株式会社　吉川弘文館
郵便番号一一三—〇〇三三
東京都文京区本郷七丁目二番八号
電話〇三—三八一三—九一五一〈代〉
振替口座〇〇一〇〇—五—二四四番
http://www.yoshikawa-k.co.jp/

印刷＝亜細亜印刷株式会社
製本＝誠製本株式会社
装幀＝山崎　登

ISBN978-4-642-03477-7